バックストン著作集

Barclay Fowell Buxton

第10巻　聖書講解VI

使徒行伝講義 下

いのちのことば社

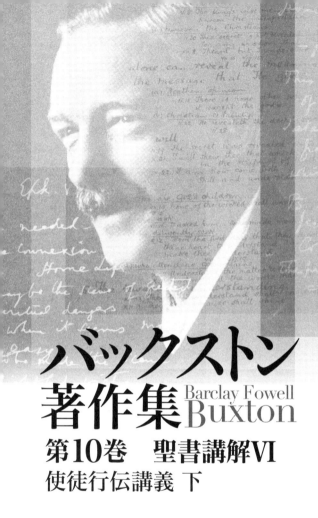

刊行のことば

日本の初期プロテスタンティズムを形成した横浜バンド、熊本バンド、札幌バンドに遅れること三十年、Ｂ・Ｆ・バックストンらにより松江を中心に展開された伝道活動の一隊は松江バンドと呼ばれています。その信仰の流れは日本の諸教会、とりわけ福音派諸教会に大きな影響を与え、今日に至っています。なぜ今日まで教派を超えてバックストンが多くのキリスト者を惹きつけてやまないのでしょうか。その理由を二つ求めることができるでしょう。一つは、彼の高尚な人格と生涯、もう一つは彼の語ったメッセージです。

バックストンの著書は、その著された時代から見て三つに大別されるでしょう。

第一の著作群は、「赤山時代」のものです。バックストンが一八九〇年（明治二十三年）来日後、「松江バンド」の形成期に、「赤山塾」での聖書研究や修養会で、働きを共にする教職者たちに語ったものが書物となりました。『赤山講話』、『ヨハネ伝講義（ヨハネ福音書講義）』、『レビ記講義』、『創造と堕落』の一群で、弟子のひとり堀内文一により忠実に筆記されています。

第二の著作群は、「神戸時代」のものです。神戸を中心にバックストン、ウィルクスらが直々に起こした「日本伝道隊」の働きが拡大した時期のものです。日本伝道隊の聖書学校は一九〇七年（明治四十年）、神戸の平野に竹田俊造を校長に設立されました。一九一三年（大正二年）十一月から四年間、バックストンも神戸に定住し、教壇に立ちました。そこで講じられた聖書講義や説教の一群が、『使徒行伝講義』、『詩篇の霊的思想』、『ルツ記霊解』、『雅歌霊解』、『ヨナ書霊解』、『リバイバルの要件』などです。これらの説教や聖書講義は、当時、バックストンの秘書であった米田豊が筆記しました。

第三の著作群は、英国における日本伝道隊のスウォニック聖会での説教と、一九三七年（昭和十二年）、最後の来日時の説教をまとめたものです。『雪のごとく白く（雪のように白く）』、『基督の形成るまで（キリストの形なるまで）』、『恩寵の成長』、『砂漠の大河』、『エホバの栄光』、『神の奥義なるキリスト』、『聖潔られたる者の行歩』、『神と偕なる行歩』やその他の小冊子です。この一群は、バックストン最後の来日時の通訳者小島伊助により翻訳、編纂されました。さらに、「活水の群」の機関誌「活水」にその時期の多くの説教が掲載されました。

こうしたバックストンの著作は、戦前は基督教書類会社（ジョージ・ブレスウェート責任）、戦後はバックストン記念霊交会（書籍部責任落田健二）、また後者から版権を譲渡された関西聖書神学校から出版されてきました。しかしながら、今日、それらの多くが絶版となり、再版が求められてきました。バックストンが来日して百二十五年を迎えるこの年、私たちはその要望に答えるために『バックストン著作集』を刊行し、その豊かな霊の恵みが諸教会にくまなく及ぶようにとの願いを抱くに至りました。

私たちは、バックストン著作集刊行・編集にあたり、次代を担うキリスト者にも広く読まれるように、ハンディな版型で出版する計画を立てました。底本として戦後のバックストン記念霊交会のものを用いましたが、バックストンが用いた独特の古い日本語は原文を可能な限り生かしつつ、読みやすい現代文にし、原則として新漢字、現代仮名遣いに書き改めました。聖化に関する漢字表記は一部統一しましたが、用語はできる限り原文のままにしました。また、今日的視点から問題視される差別表現、不快表現は削除し、一部の書籍は出版を見合わせました。加えて、今まで未出版の英国ケズィック・コンヴェンションにおけるバックストンの説教を翻訳し、このたびの著作集に加えることにしました。

私たちの願いは、本著作集によって全幅的な福音の恵みが日本の諸教会に及ぶことです。この著作集の読者が、贖罪《しょくざい》の恵みを徹底して理解し、聖霊による豊かで輝く信仰生活に導かれ、キリストの証人となり、キリストのからだなる教会を建て上げ、日本の宣教の働きに貢献する者になることです。そして福音宣教の最終的目的とその宣教方法がさらに純化されることにあります。どうか主が、本著作集を用い、日本に霊的復興をもたらしてくださるようにと祈りつつ、刊行のことばといたします。

二〇一五年十月

『バックストン著作集』刊行委員会
同編集委員会

目次

分　解

第一章（第九章まで上巻に収録）

1　この書の内容（一節）

キリストの働きの続き／伝道のハンドブック／三つの大切なこと／神様の戦争

2　よみがえられた救い主とその約束（二～八節）

よみがえった主の職務／最も大いなる約束／火のバプテスマ／最も大切な望み／聖霊がお臨みになった／最も尊い聖霊の経験／ダイナマイトの力／証人／証しの順序／復活の証人

3　キリストは昇天なさった（九～一一節）

詩篇におけるキリストの昇天／キリストが王である三つの証し／再臨についての主の使いの証し／四つの基礎的な事実／キリストは私たちの大祭司となられた

4　祈り会（一二～二六節）

第三章

第四章

第五章

17　アナニアの死（一〜一五節）
内側の敵／聖霊の燃える火／教会の中に住んでおられる聖霊／人を真似た献身／サタンの真似／聖霊のさばきの美しい結果／聖霊のさばきを求める

18　祭司と使徒との戦い（一六〜四二節）
教会の打撃／主の使いの働き／権威者の力のなさ／エルサレムのリバイバルの秘密／ペテロ、事実を言い表す／最も良いこと／普通の方法による助け／苦しみからの喜び／日々に

第六章

19　教会の組織および成長（一〜七節）
組織や方法について聖霊の導きを求める／サタンの妨害／最も大切な奉仕／祈りが大切であること／神の働きに従事する人／愛の勝利／三つの聖霊の満たし

20　ステパノの殉教（八節〜七・六〇）

23　新しい使徒が召される

迫害者の中からの召し／神様は時に迫害を許し、時にこれを妨げられる／「ただちに」の働き／光と声／サウロが悟ったこと／サウロの悔い改め／三日間の暗闇／個人伝道者への招きと奨励／大胆な証し／サウロ、洗礼を受けて聖徒の群れに入り、証しをする／新約のサウロと旧約のサウル／個人伝道者の六つの心得／信じやすい心／「大胆に」／迫害の中での導き／教会の真の繁栄／信仰の命令とその結果のリバイバル／さらに広い働きのためにペテロを備えられた／四人の歩み

第一〇章（以下、本巻に収録）

24　ペテロ、ローマ人に救いを宣べ伝える

歴史の危機／三つの大陸の人の悔い改め／コルネリウスという人物／神様の導きと準備／祈りの力と新しい光／神様の摂理／神様の言葉を受け入れる態度／信者に対する伝道者の姿勢／会衆の心／神様よりの言葉／キリストの死とよみがえり／純粋な福音の要点／聖霊がペテロを押しのけられた／一つの経験を言い表す三つの用語／「すべての人

28　世界伝道の開始
伝道者の派遣／恵まれた教会の七つの特質／神様は犠牲をお求めになる／働き人を派遣する者／島の伝道／サタンとの出会い／さばきの言葉／総督、救われる／サウロの改名／ヨハネの分離／ユダヤ人に対する神様の恵み／パウロの説教／恩恵と審判／説教後の個人伝道／アンティオキアにおける迫害／迫害の時に受ける恵み

第一四章

29　続く大きな戦い
成功と迫害／足の悪い人の癒し／パウロ、礼拝されようとする／パウロの説教／石で打たれる／第一次伝道旅行の終わり

第一五章

30　大いなる決議（一〜三五節）
純粋な福音への反対／エルサレム会議／ペテロの証し／パウロとバルナバの証し／神の

第一〇章

24　ペテロ、ローマ人に救いを宣べ伝える

九章において、神様は異邦人のために使徒を選んでくださいました。一〇章において、異邦人のために伝道の門戸を開いてくださいます。これは実に驚くべき恵みでした。

今この一〇章で、異邦人がそのままで救いを受けることができたことが初めてわかります。これは歴史の中の大きな転換でした。今まで、悔い改めて神を信じたい異邦人は、ただユダヤ人の会堂で祭司や神殿の儀式によってのみ、神様の恵みを得られました。けれども、これからはだれでもわけ隔てなく、主イエス・キリストの名によって神の恵みを受けることができます。私たちもそれで恵みを得たので、ここを特に大切に読むべきです。

八章で、アフリカの人の悔い改めの話がありました。九章で、アジアの人の悔い改

めの話がありました。今この一〇章で、ヨーロッパの人の悔い改めの話があります。神様はこの三つの話によって、どこの地域の人にも恵みを施すことを表してくださいます。

【一～二節】

「さて、カイサリアにコルネリウスという名の人がいた。イタリア隊という部隊の百人隊長であった。」

コルネリウスはどういう人であるかというと、ローマで非常に身分の高い家の人でした。ローマの歴史の中に、たびたびこの家の話が出てきます。そして、この人は真心をもって神様を求めていた人でした。ただ自分一人でなく、二節にあるように全家族とともに神様を敬いました。「彼は敬虔な人で、家族全員とともに神を恐れ、民に多くの施しをし、いつも神に祈りをささげていた。」神様の恵みを味わったので、どうにかしてそれを自分の愛する者にも分け与えたかったのです。またそればかりでなく、多くの施しをしました。心の広い人なのです。だれに施しをしたかといえば、ほとんどユダヤ人に対してでした。ローマ人が軽蔑していた外国人に対しても広い心をもっていたのです。二節の終わりに「いつも神に祈りをささげていた」とあります。この人は祈りの人でもありました。

　このように、この人は心の中においても外側の行いにおいても、きよい人でした。けれどもまだ救いを得ていませんでした。一一章一三～一四節を見ると、それがわかります。後にペテロがこの時のことを述べている箇所ですが、そこでこう言っているからです。

「すると、その人は、御使いが自分の家の中に立っているのを見たこと、そして次のように語ったことを私たちに話してくれました。『ヤッファに人を遣わして、ペテロと呼ばれるシモンを招きなさい。その人が、あなたとあなたの家の者たち全員を救うことばを、あなたに話してくれます。』」

　もしも罪人が主イエスを依り頼まないで救われるとすれば、第一に救われていたのはコルネリウスに違いないでしょう。けれどもコルネリウスはまだ救いを得ていませんでした。一〇章三七節を見ると、コルネリウスはすでに主イエスの噂《うわさ》を聞いていたことがわかります。また四三節でペテロが旧約聖書を引用していますから、おそらくこの人は旧約聖書を読んでいたと思われます。けれどもまだ救いを得ていませんでした。それでも、すでに得た光に従っていましたから、神様は恵みを与えて、さらに明らかな光を与えようとされます。それで、三節にあるように祈ったときに（このときは、ただ祈っただけではありません。三〇節の英訳を見ると、断食して祈った、とあります）、主の使いが近づきました。祈りの時は、よく御使いと交わる時でもあります。祈らなければ、そんな経験はできません。

【三〜八節】

御使いはコルネリウスに救いの道を教えません。この五節を見ると、救いの道を示す人を教えます。「さあ今、ヤッファに人を遣わして、ペテロと呼ばれているシモンという人を招きなさい。」　その人のいるところは「ヤッファ」であること、その人の名は「ペテロと呼ばれているシモン」であること、その宿泊している家は「皮なめし職人のシモン」（六節）のところであることなどについて、はっきりと教えました。これはちょうど九章一一節のような詳しい導きです。「立って、『まっすぐ』と呼ばれる通りに行き、ユダの家にいるサウロという名のタルソ人を訪ねなさい。彼はそこで祈っています。」　七節でコルネリウスは、その導きに従って三人の者をヤッファに遣わしました。この三人はコルネリウスのように信仰の篤い者たちでした。おそらくコルネリウスの信仰と祈りを見て、自分たちもそれに従ったのでしょう。

九節以下を見ると、神様は同じころに伝道者の心をも備えてくださっていました。神様はたびたびそのように、ご自分を求める者に伝道者を遣わそうとされます。またその人の家に伝道者を導こうとなさいます。

けれども神様の御声を聞く伝道者は実に少ないのです。どうか私たちはいつでも深く神様と交わり、それによって静かな御声を聞きたいものです。

神様は、ペテロの手をもって広い伝道を始めようとなさいました。そのようにしてペテロを祝福しようとなさいました。私たちはたびたび神様にリバイバルを求めます。けれどもその私たちが神様と親しく交わることがなければ、神様はひょっとするとそのリバイバルを始めることがおできにならないかもしれません。このとき、まずペテロの信仰を備えなければなりません。

ペテロはすでに主イエスの、「全世界に出て行き、すべての造られた者に福音を宣べ伝えなさい」（マルコ一六・一五）との命令を聞きました。けれどもまだ真にそれを信じられませんでした。罪人が救われたいと望むならば、まずユダヤ人にならなければならないと思っていました。ペテロは主イエスの命令を聞いていましたが、まだコルネリウスを導く備えがありませんでした。すでにペンテコステの恵みを受け、ペンテコステの光も得ていました。けれども、いまだコルネリウスを導くには十分でありませんでした。すでに〝使徒の働き〟二章、また八章、および九章で、神様の不思議な御業を目にしました。広く福音を伝え、サマリアにまで至り、神様が罪人を救ってくださることを見てきました。けれども、ローマ人を導くほどの信仰はまだありませんでした。神様の福音の力と主イエスのみこころを十分にわきまえていませんでした。彼の心にはまだ偏見がありました。心が狭かったのです。

私たちもこうした罪を恐れなければなりません。ペテロのような人でさえ、このように心が狭く、そのために真に信じられず、罪人を導けなかったとすれば、私たちも神様の前に自分を低くして、広い心と真の信仰を求めなければなりません。

神様はペテロを備えるために、天からの幻を見せてくださいました。

【九節】

「翌日、この人たちが旅を続けて、町の近くまで来たころ、ペテロは祈るために屋上に上った。昼の十二時ごろであった。」これはパウロが幻を見たのと同じ時刻でした。二二章六節を見ると、ちょうど十二時ごろ天からの光を見たことがわかります。「私が道を進んで、真昼ごろダマスコの近くまで来たとき、突然、天からのまばゆい光が私の周りを照らしました。」

【一〇節】

「食事の用意をしているうちに……。」ですからお腹を空かせて食事を待っている時でした。そのときにペテロは何をしたかというと、祈りです。ある人は空腹で食事を待っているようなときには、かえって気が短くなって祈ることができなくなります。

けれどもペテロはそんなときに祈りました。そのときに天よりの幻を見ました。

【一一節】

「天が開け……。」九～一〇章に、祈りの力と祈りの恵みを見ます。九章四〇節ではペテロは祈って死人をよみがえらせることができました。ここでは、祈ったときに天が開かれ、人が救われる道がさらに開かれました。一〇章三〇節にはコルネリウスが、祈って主の使いを見たことを話しています。この三つの例によって、祈りの力を知ることができます。

神様はペテロに、御国が広まることについて新しいことを教えようとなさいます。これはペテロにとって食事よりも大切なことです。神様は私たちにも祈りの時に、それについて教えようとなさいます。私たちの目の前にも、ペテロに見せてくださったように、たびたび大きな敷布のようなものを降ろしてくださいます。そして、その中にあるものを見なさい、とお命じになります。

【一二～一六節】

ペテロはそのとき、自分自身の知識によっては、神様から新しい光をいただくことができませんでした。私たちはたびたび自分の知識に依り頼んで、神様の新しい光を断ってしまいます。神様は私たちのために新しく伝道の門戸を開こうとなさいます。

また私たちに伝道の特権を与えようとなさいます。けれども私たちは心を頑なにして、神様の新しい光を受けません。

いつでも神様の声を聖書を通して聞くことのできる心をもっていたいものです。それまでの経験のために、また今まで得た恵みのために、あるいはある神学によって思想が固まってしまえば、神様の御声を聞くことができません。伝道が妨げられます。神様が使ってくださる伝道者は、自分の知識に依り頼まず、いつでも主の足もとにとどまって、絶えず直接に神様から光を受ける人です。

【一七～一八節】

一七節の初めや一九節の初めを見ると、ペテロがその幻の意味を深く考え、これを神様に求めていることがわかります。「ペテロが、今見た幻はいったいどういうことだろうか、と一人で思い惑っていると……」、「ペテロは幻について思い巡らしていたが……」と。神様は必ずそのことを通して何かを教えてくださるに違いないと思ったのです。出エジプト記三章三～四節によれば、モーセが燃える柴を見て熱心にその意味を求めていたときに、神様が彼を呼んでくださったとあります。ペテロも今その幻の意味を熱心に求めたとき、神様は近づいてその深い意味を悟らせてくださいました。

ペテロがその意味を考えていたときに、コルネリウスの遣わした使者が訪ねて来ました。今でも神様はそのように働いてくださいます。あなたが聖書によって静かに神様の声を聴いているときに、あるいは神様の恵みを受けたときに、あなたを訪ねて来る人がいるかもしれません。おそらくそんな経験がこれまでにあったのではないでしょうか。そのことによって神様があなたを導き、あなたをお用いになることを知ることができます。

【一九〜二一節】

ペテロは降りて行って、門の前に三人のローマ人がいるのを見ました。これは驚くべきことです。三人のローマ人が田舎の漁師を訪ねて来たこと、また神様の恵みを求めて訪ねて来たことは、本当に珍しいことです。

二〇節で主の使いは、「下に降りて行き」なさい、と命じました。そのときにははっきりとした導きは得られませんでしたが、とにかくその命令に従って行く途中で、明確な導きを得ることができました。八章二六節でも同じことを見ます。「主の使いがピリポに言った。『立って南へ行き、エルサレムからガザに下る道に出なさい。』」ピリポはただこれだけの命令を受けました。けれども行く途中で明らかな導きを得ました。九章六節でも神様はサウロに、「立ち上がって、町に入りなさい。そうすれば、あなたがしなければならないことが告げられる」とお命じになりましたが、彼がこの命令に従って町に行ったときに、明らかな光を得ました。
そのように私たちも、神様が行けとお命じになるときに、何のために行かなければならないのかわからなくても、ともかくそれに従って行けば、行く途中で明らかな導きを得ることができます。神様の御声に従順な者となりたいものです。ヘブル人への手紙一一章八節を見てください。「信仰によって、アブラハムは相続財産として受け取るべき地に出て行くようにと召しを受けたときに、それに従い、どこに行くのかを知らずに出て行きました。」けれども神様は丁寧に彼を導いてくださいました。
ペテロはローマ人と一緒に行けば、エルサレムの信者や教会の長老が反対するだろうとわかっていたでしょう。一一章の初めに、そのように反対されたことが示されています。けれども今ペテロは主の使いによって神様の命を受けたので、権力者たちがどんなに反対しようとも、行きます。

【二三〜二三節】

二三節の初めを見ると、ペテロは三人の異邦人を泊まらせたとあります。これは普通のことではありません。彼の信仰がそれほど進んできたのです。またヤッファの兄弟たちはペテロに共感を示したので、彼らのうち六人もペテロに伴われて行きました（一一章一二節から六人であったことがわかります）。この六人がペテロに共感を表し、ペテロを助けるため、またペテロの信仰を強めるために一緒に行きました。これは実に美しい交わりでした。

ペテロはそのとき、ただ一人を導くためにカイサリアへ行くと思っていました。それは小さなことのようです。けれども、ただ一人を導くのではなく、小さな集会で説教するだけのことではなく、そのときに多くの人々が聖霊を受け、ローマ人のために伝道の門戸が開かれることにもなりました。

私たちは、ある時は小さな家庭集会に招かれます。もしも信仰がなければ、それを軽視するかもしれません。けれども神様はここで、この小さい集まりを通して大きな結果を起こしてくださったことを覚えたいものです。そのとおりに、小さな集会においても大きな働きができます。

【二四～二五節】

コルネリウスは大きな望みをもって、ペテロによって神様の言葉を聴くことを待ち望みました。また神様からみことばを聴くことは尊いことですから、自分ひとりで聴かずに、愛する者たちにも聴かせなければならないと思いました。コルネリウスは非常に身分の高い人で、ペテロは当時の社会では身分の高くないキリスト教の伝道者ですから、普通であればコルネリウスがペテロを迎えても、表門ではなく裏門から密かに迎えて、自分の勉強室にでも案内し、密かに教えを聴くというところでしょうが、大勢の人を集めて公に表門から迎え入れました。これは神様の尊いみことばを迎えるためでした。コルネリウスは神様を畏《おそ》れましたが、人を恐れません。人が何と言おうが、神様のみことばを聴きたかったのです。ですから親族や親しい友人が集まっているところへ、ペテロが着くと、「コルネリウスは迎えに出て、足もとにひれ伏して拝んだ」のです。ひれ伏して拝むこと自体はもちろん間違ったことですが、これによってコルネリウスがどれほどへりくだって神様のみことばを待っていたかがわかります。

【二六節】

「するとペテロは彼を起こして、『お立ちください。私も同じ人間です』と言った。」　これは伝道者の心です。私たちは人間からの栄誉を断らなければなりません。また、人間の礼拝をいっさい拒まなければなりません。ヨハネの黙示録二二章八～九節を見てください。「これらのことを聞き、また見たのは、私ヨハネである。私は、聞いたり見たりした後に、これらのことを示してくれた御使いの足もとにひれ伏して、礼拝しようとした。すると、御使いは私に言った。『いけません。私はあなたや、預言者であるあなたの兄弟たち、この書のことばを守る人々と同じしもべです。神を礼拝しなさい。』」　私たちにもこういう心が必要です。

私たちは神様の使者であり、神様の代理として人間に慰めの言葉、光の言葉を宣べ伝えるのですから、相手の人はへりくだり、私たちを敬うのは当然のことかもしれません。けれども私たちはきっぱりとそれを断らなければなりません。肉に属する考えがあれば、まだ潔《きよ》められていない伝道者であれば、心の中でそんな礼拝を喜び、それを受け入れることもあるでしょう。罪人に、神様だけを礼拝することを求めるのではなく、自分をも崇めることを求めます。もしも私たちの心の中にそういう罪があるなら、神様は私たちを用いることがおできになりません。神様は聖なる嫉妬の心をもっておられますから、ご自分だけを礼拝するように願われます。私たちは自分に栄光を帰してはなりません。

【二七～三三節】

二九節を見ると、ペテロはなぜ来たのか、まだ自分でははっきりとわかっていないことがわかります。「そこで、お尋ねしますが、あなたがたは、どういうわけで私をお招きになったのですか。」コルネリウスはこれに答えて、それまでの神様の導きを話しました。そして三三節の終わりに、「ようこそおいでくださいました。今、私たちはみな、主があなたにお命じになったすべてのことを伺おうとして、神の御前に出ております」と言いました。

これは神様のみことばを聴くための正しい心です。こういう心があれば、神様はその使者をもってそのみことばを聴かせてくださいます。こういう集会には必ず聖霊が豊かに降ってくださいます。必ずそうなります。このように神様のすべての言葉を聴こうとして御前にとどまれば、聖霊は必ず降ってくださるはずです。

エゼキエル書一四章三〜四節を、今ここと比べて見てください。その一節から読むと、こうあります。「イスラエルの長老たちの何人かが来て、私の前に座った。」ですから彼らは神様の言葉を聴くためにやって来ました。「そのとき、私に次のような主のことばがあった。『人の子よ。これらの者たちは自分たちの偶像を心の中に秘め、自分たちを不義に引き込むものを、顔の前に置いている。わたしは、どうして彼らに応じられるだろうか。』」神様はこのような集会では決して御声を聴かせてくださいません。聴く人の心の中に偶像があるならば、そのことを悔い改めるまでは、御声を聴かせ、聖霊を降すことがおできになりません。

コルネリウスの家に集まった人々は、そういう人たちではありませんでした。彼らは何のために来たのでしょうか。ペテロの幸いな説教を聞くためではありません。ペテロの考えを聴くためでも、ペテロの哲学を聴くためでもなく、ペテロの口から神様の言葉を聴くためでした。私たちの周囲にいる人々は、私たちの考えを聴きたいと思っていません。私たちの哲学を聴きたいとも思っていません。厳粛に神様の言葉を私たちより聴きたいのです。私たちがその人々に神様の言葉を宣べ伝えれば、必ず彼らは厳粛に聴きます。それまで神様の言葉をまったく聴いたことがなくても、あるいは今まで偶像を拝んできた者であっても、活《い》ける神様から与えられたみことばを私たちが宣べ伝えれば、厳粛に耳を傾けるに違いありません。ですから、ペテロのように祈りをもって、またあるときには断食と祈りをもって、神様の御声を聴いて集会に来てください。

ここまで、ペテロがコルネリウスを導くためにどういう心をもっていたか、またどのようにして神様に導かれたかについて学んできました。このことは他の人を導くために非常に大切です。ここからは、ペテロが何を語ったかについて学びます。これも大切です。ある人は何を話すべきかで迷い、そのために熱心に祈ります。これも大切なことではありますが、説教するときの心の状態、また神様の導きに従うことはさらに重要です。語られること以上に大切です。まず神様の導きに従い、聖霊に使っていただけるような正しい心をもっていなければなりません。

〝使徒の働き〟の中で、聖霊はたびたび私たちに、人を導くための説教の大意を示してくださいます。私たちは、ある人が力ある説教をして、それによって多くの人が悔い改めたと聞くと、その説教の言葉を読みたいと願い、その説教の力は何であるかと尋ねたいと思います。この〝使徒の働き〟一〇章で、神様はペテロの説教によって大きな恵みを注いでくださいましたから、私たちはこれについて熱心に研究し、その順序等を知りたいと望みます。そうして私たちも、この説教の手本にしたがって、求道する人々に話したいものです。

【三四〜三五節】

「そこで、ペテロは口を開いてこう言った。『これで私は、はっきり分かりました。神はえこひいきをする方ではなく、どこの国の人であっても、神を恐れ、正義を行う人は、神に受け入れられます。』」

神様はどこの国民であってもご自分を求める者に恵みを与えてくださいますから、今この説教を聞く人々が真心から神様を信じれば必ず恵みを与えてくださいます。この時代のユダヤ人の心の中には、そのことについて疑いがありました。私たちも心の中に疑いがあるかもしれません。たとえば、福音をまったく聞いたことのない人は今すぐに救いを受けることなどできないと思うかもしれません。神様はこんな罪人を恵んでくださらないと思うこともありましょう。福音をたびたび聞いても悔い改めない人は、あわれみを受けることができないと思うかもしれません。けれども、私たちは、神様が今この人たちを祝福してくださると信じて、説教したいものです。

【三六〜四三節】

その道は神様が与えてくださったものです。神様は黙っておられる神ではありません。人々に言葉を宣べ、道を与えてくださいました。これは非常に大切なことです。私たちは人間が考えだしたことに従うのではありません。神様は明らかにその道を与えてくださいました。それは平和の道です。神様は、ご自分から遠ざかった人々に和解を与えようとされます。これまでどんなに罪を犯していても、神様はいま和解を与えようとされます。これは真に喜びの知らせです。喜びの知らせは、悔い改めなさいという命令ではありません。これこれのことを行いなさいということでもありません。神様があなたを恵んでくださるという知らせです。神様のほうから和解の道を開いて、あなたを恵もうとしていてくださること、これが真の喜びの知らせです。

この和解は主イエス・キリストによっていただくことができます。主イエス・キリストによって罪人は今、神様と和解することができます。罪人は自分の力によって、あるいは自分の熱心によって神様と和解することはできません。主イエス・キリストによって和解できます。ただイエス・キリストの功績によって、罪人は今、聖なる神様と和解することができるのです。

このイエス・キリストとはだれでしょうか。ユダヤ人の救い主でしょうか。ユダヤ人の神の子でしょうか。いいえ、そうではありません。「このイエス・キリストはすべての人の主です。」ですからユダヤ人ばかりでなく万物をも祝福してくださいます。万物を神と和解させようとなさいます。万物は直接、主イエスの足もとに来ることができます。主イエスがただユダヤ人だけの救い主ならば、異邦人はまずユダヤ人になり、それから救いを得ることになります。その時代のユダヤ人は、そうであると信じていました。けれどもペテロは、いま神の恵みを宣べ伝えて、異邦人でもそのまま神と和解することができると言います。

「このイエス・キリストはすべての人の主です。」ですから、あらゆる力を持っておられます。ペテロは三八節から、主イエスがどういうお方かを語ります。この世におられたときに聖霊によって人々に恵みを示して、さまざまなわざわいから救い出してくださったことを述べました。「神がイエスとともにおられたからです」とあります。主イエスは真のインマヌエルの救い主でした。神様が共におられる救い主でした。けれどもただその教えによって、その癒しによって、人を救ってくださるのではありません。三九節を見ると、十字架に上られた、とあります。それだけでなく、四〇節に神様はこの主をよみがえらせた、とも記されています。そのようにペテロは、主イエスの聖なる生涯と、その死と、そのよみがえりとを宣べ伝えました。

コリント人への手紙第一、一五章一節以下を見てください。「兄弟たち。私があなたがたに宣べ伝えた福音を、改めて知らせます。あなたがたはその福音を受け入れ、その福音によって立っているのです。」あなたは何によって救われましたか、何によって恵みを受けましたか、どういう福音によって生まれ変わりましたかというと、その次にあります。「私がどのようなことばで福音を伝えたか、あなたがたがしっかり覚えているなら、この福音によって救われます。そうでなければ、あなたがたが信じたことは無駄になってしまいます。私があなたがたに最も大切なこととして伝えたのは、私も受けたことであって、次のことです。キリストは、聖書に書いてあるとおりに、私たちの罪のために死なれたこと、また、葬られたこと、また、聖書に書いてあるとおりに、三日目によみがえられたこと」(二〜四節)。これはパウロの福音です。主イエスの死とよみがえり。それによってコリントの信者は救いを得ました。また神様を知ることができました。

ここでペテロは同じ福音を宣べ伝えました。

よみがえってくださった主イエスは、私たちにその福音を宣べ伝えるようにお命じになります。四二節にこうあります。「そしてイエスは、ご自分が、生きている者と死んだ者のさばき主として神が定めた方であることを、人々に宣べ伝え、証しするように、私たちに命じられました。」私たちは神様が召してくださった使者であり、また証人です。

主イエスはこれまでもそのようにして人の救いのために働いてくださいました。今はそうですが、未来においては人のさばき主です（四二節）。ただし、今は人の救い主です。「預言者たちもみなイエスについて、この方を信じる者はだれでも、その名によって罪の赦しが受けられると、証ししています」（四三節）とあるとおりです。ペテロは異邦人に対して、はっきりと神様の審判を宣べ伝えました。〝使徒の働き〟一七章三一節を見ると、後にパウロはアテネにいる異邦人に同じことを宣べ伝えました。すなわち主イエスはさばき主であると伝えました。「なぜなら、神は日を定めて、お立てになった一人の方により、義をもってこの世界をさばこうとしておられるからです。神はこの方を死者の中からよみがえらせて、その確証をすべての人にお与えになったのです。」けれども今は、四三節のように主イエスは救い主です。だれをも救ってくださるお方です。どのような人でも主を信じれば救いを得ることができます。ペテロだけでなく聖書の「預言者たちもみな」そのことを証ししています。聖書の中にそれを見ることができます。

また特に大切なことがこの四三節に出ていますから、注意して見てください。第一、救いを得る人はどういう人かというと、「この方を信じる者」、“whosoever”すなわちだれでも、どんな罪人でも主を信じさえすれば救いを得ることができるということです。第二、救いを受ける方法は何かというと、「その名（すなわちイエスの名）によって」です。第三、その救いはどういう恵みかというと、「罪の赦し」です。この四三節は純粋な福音です。ペテロはまず初めに主イエスの十字架とよみがえりについて話し、そして聖書に基づいてそれを述べ、終わりに今の罪人も信じることによって、だれでも今救いを得ることができると宣べ伝えました。私たちもこの順序に従って説教をしたいものです。

【四四～四六節】

「ペテロがなおもこれらのことを話し続けていると……。」ペテロはまだその説教を終えていません。一一章一五節を見ると、後にペテロがこの時のことを語っているなかで、「そこで、私が話し始めると」と宣べています。この時は説教を始めたばかりでした。けれども聖霊がすべての者の上に降ったので、その説教を終わりまで続けることができませんでした。中止したのです。

私たちも説教するときに、そのようなことを待ち望みたいものです。大切なことは、あなたがどういう言葉を言うかではなく、聖霊が天より降ることです。ですから説教の時には、絶えず心の目を挙げて聖霊の降ることを待ち望みなさい。聖霊があなたと共に働いてくださらなければ、あなたの説教は無駄です。けれども祈りをもって説教すれば、聖霊が天より降り、会衆の心を感動させてくださいます。

「聖霊が下った。」これは幸いなことです。この人たちは教えを全部聞かなければならないというのではありません。ペテロも上手な説教をしてその人々を動かさなければならないというのではありません。聖霊はペテロの説教の始まりのころに降られました。神様はすぐにこの人々を救ってくださいました。ヤッファからせっかく使者を送ってくださったのですが、その使者を押しのけて、ご自分で働きを進められました。神様はこのときペテロに特別な説教を与えておられたのでしょうが、ペテロの説教を傍らに置いて、ご自分で直接お働きになりました。これは幸いなことです。私たちが聖霊の導きを得て働けば、神様は時にそのようにお働きになります。ペテロは、神様が一緒に働いてくださることを信じて、ここへやって来たに違いありません。そのような信仰があったので、神様は天を裂いて降ることがおできになりました。

コルネリウスは、生まれ変わって救いを得たその時に聖霊のバプテスマも受けました。神様は罪人が救いを得たその時に聖霊を与えることがおできになります。けれども普段はあまりそうしたことを見ることはありません。働き人の不信仰のゆえに、あるいはその救われた人の信仰が足りないがために、普通は第一に救いを得、その後に聖霊のバプテスマを経験します。

この四四～四七節を見ると、同じ経験を話すために三つの語を用いていることがわかります。第一、「聖霊が下った」（四四節）。第二、「聖霊の賜物が注がれた」（四五節）。第三、「聖霊を受けた」（四七節）。このように三つの言葉を使って言い表してありますが、その経験は同じです。用語はさほど大切ではありません。これは一つの語でこの満ち足りた恵みを十分に言い表すことができないことをも示します。用語は異なっても、恵みは一つのものです。今、熱心な信者が用語についてよく論じます。もちろん用語も大切ですが、最も大切なのはその恵みを正しく受けることです。どんな名をつけても百合の花は綺麗で、良い香りを放ちます。どんな名をつけても聖霊のバプテスマは幸いな経験です。名前について論じることは無益です。ここに三つの言葉が用いてあるのも、そのためです。

四四節に、「みことばを聞いていたすべての人々に、聖霊が下った」とあります。主イエスが自由に働いてくださるときには、いつでもこのとおりです。ヨハネの福音書六章で、五つのパンをもって五千人を養ったときに、すべての人々は飽きるほど食べました。また主の衣の裾に触る病人は、みな癒されました。ペンテコステの日にも、神に求めた者はみな聖霊に満たされました。主は喜んで、いつでもすべての者を恵んでくださいます。ここでも同じことです。「みことばを聞いていたすべての人々に、聖霊が下った。」不信仰を捨てて、すべての者が神の恵みを受けるように信じたいものです。

【四七～四八節】

「ペテロはコルネリウスたちに命じて、イエス・キリストの名によってバプテスマを受けさせた。」四八節で、この人々は水のバプテスマを受けた、とあります。すでに聖霊のバプテスマを受けましたが、次に水のバプテスマを受けました。多くの人は初めに水のバプテスマを受け、それから聖霊のバプテスマを受けます。一九章五～六節はこの順序です。「これを聞いた彼らは、主イエスの名によってバプテスマを受けた。パウロが彼らの上に手を置くと、聖霊が彼らに臨み、彼らは異言を語ったり、預言したりした。」

また水のバプテスマを受けたときに、同時に聖霊のバプテスマを受けた者もあるでしょう。二章の終わりでバプテスマを受けた者は、そのようであったかもしれません。しかしここには、初めに聖霊のバプテスマを受け、後に水のバプテスマを受けた人々がいます。順序は大切ではありません。

水のバプテスマを受けることは神様の御旨《みむね》です。聖霊のバプテスマを受けることは最も大切なことです。

ペテロはバプテスマを施しませんでした。ヤッファより同行して来た信者に命じてバプテスマを施させました。コリント人への手紙第一、一章一七節を見ますと、パウロもふだん自分ではバプテスマを施さなかったことがわかります。

四八節の終わりを見ると、彼らはペテロに数日滞在するように願いました。これはおそらく神様の御旨でした。ペテロは数日この異邦人の家で、異邦人たちにさらに深く神様の恵みを教えることができました。

またそれによって神様はペテロをも教えてくださったでしょう。ユダヤ人である彼は、いま初めて異邦人の家にとどまることができました。けれども神様はペテロに、異邦人も潔められた者であることをしっかりと教えたかったので、しばらくそこにとどまることをお許しになりました。

八章三九節でエチオピア人が救いを得たときには、神様はそのあとピリポをすぐに他の所へ導かれました。それでこの人は神様に直接依り頼まなければなりませんでした。それで信仰が強くなったのでしょう。しかし今ここではその反対に、神様はペテロにとどまることをお許しになりました。私たちはその折々によって神様の導きを得なければならないということです。私たちが神様との交わりのなかで導きを得るとき、人を導いた後すぐにその人から離れなければならないことがあります。また時には、その人を丁寧に教えなければならないこともあります。私たちは事ごとに霊の導きを求めたいものです。

第一一章

25　エルサレムの人々の理解

【一節】

「異邦人たちも神のことばを受け入れた」との噂《うわさ》はすぐに広がりました。おそらく使徒たちや信徒たちは、そのことを聞いて喜んだでしょう。けれども反対者もありました。

【二〜三節】

それは使徒たちではありません。「割礼を受けている者たち」がペテロと争ったのです。この人たちは儀式的な信仰をもっていました。今もこういう人は、罪人が救われることを聞いても喜びません。放蕩息子の兄のように、弟が帰って来ても、喜ぶことはありません。私たちはこうした思いをまったく追い出し、罪人が救われるときには神様の恵みを感謝し、これを喜びたいものです。

【四〜一八節】

「そこで、ペテロは彼らに事の次第を順序立てて説明した。」ペテロは神様の導きを証ししました。彼の答えは、ただ自分の経験談でした。四節以下で、どのようにして神様が自分を導いてくださったかについて繰り返し述べています。そして、この経験談はその争いの火を完全に消し去りました。

一八節に、「人々はこれを聞いて沈黙した。そして『それでは神は、いのちに至る悔い改めを異邦人にもお与えになったのだ』と言って、神をほめたたえた」とあります。これは幸いなことでした。神様は異邦人のために伝道の門戸を開いてくださいましたが、それだけではなく、ユダヤにいる信者の心をも開いてくださいました。神様はさらに広くみことばを伝えられましたが、それればかりでなくエルサレムにいる人々の心も広く開いてくださいました。神様は、エルサレムにいる人々に新しい光を与えてくださいました。

主イエスはまだ昇天する前に、明らかにそのことをおっしゃっていました。けれどもエルサレムの信者はいま初めてそのみことばの深い意味を知りました。子どものような信仰をもってそのみことばを聞けば、よくわかるはずでした。そのことばはわかりやすいものでした。けれどもこの人々の心の中に偏見があったので、それをそのまま信じられませんでしたが、神様はそのまま信じるべきであると教えてくださいました。

いま読んだ話は真のペンテコステです。一五節を見ると、「そこで、私が話し始めると、聖霊が初めに私たちの上に下ったのと同じように、彼らの上に下ったのです」とあります。ですからペンテコステの恵みと同じでした。神様は繰り返してペンテコステの恵みを与えてくださったのです。ペンテコステの日に与えられた恵みは、ただ一度だけ与えられたものではありません。神様は喜んで、同じ恵みをだれにでも与えてくださいます。ペンテコステの日の恵みは、ただ神の恵みの見本にすぎません。ペンテコステの日は今この聖霊の時代にたびたび起こる日なのです。ですから、この時代において私たちはペンテコステの恵みをいただくはずです。

ペテロがこのとき語ったように、そのときも同じ恵みを何度も得て、同じ経験を得るはずです。神様は同じように、天から私たちに聖霊を注いでくださるはずです。この話を深く深く調べて、どうすれば神様が今でもペンテコステを与えてくださるかについて学びたいものです。また、ペテロが神様との交わりのなかで神の導きに従い、神様の御力にあずかったように、私たちもそのような思いをもって伝道に出かけたいものです。そうすれば、必ずもう一度同じペンテコステを見ることができます。

26　福音の拡張

【一九節】

「さて、ステパノのことから起こった迫害により散らされた人々は、フェニキア、キプロス、アンティオキアまで進んで行ったが、ユダヤ人以外の人には、だれにもみことばを語らなかった。」八章一節と四節で、私たちはこれと同じことを見ました。その時からこの節に至るまでの間、ただ特別な伝道の話、特別な悔い改めの話のみが記されていて、八章四節に続きます。フェニキア、キプロス、アンティオキアと、だんだん北のほうに広がりました。けれども、ただユダヤ人だけに道を語りました。そして、あまり成功しなかったようです。


【二〇節】

「ところが、彼らの中にキプロス人とクレネ人が何人かいて、アンティオキアに来ると、ギリシア語を話す人たちにも語りかけ、主イエスの福音を宣べ伝えた。」この人たちは異邦人にも神様の恵みの福音を聞かせました。ペテロはただ天からの幻を見たときだけ異邦人に福音を聞かせましたが、この信徒たちはあふれるほどの恵みに感じて、また神様のご慈愛に感じて、幻がなくてもギリシア人に福音を語りました。ですから主の祝福が降りました。

【二一節】

主はさっそく、これが御旨にかなったことであるとお示しになりました。ですから異邦人に福音を宣べ伝えることを第一にだれがしたかというと、普通の信者たちでした。特別にこのことを任じられた教会の役員ではありませんでした。普通の信者たちが神様の恵みに満たされて、神様の御旨をすぐにわきまえて、異邦人にも福音を宣べ伝えたのです。

「主の御手が彼らとともにあったので……。」マルコの福音書一六章二〇節のとおりでした。「主は彼らとともに働き」と。いま天に昇られた主はその御力とご臨在を信じる信者とともにお働きになります。イザヤ書五九章一節の「主の手」、これはこの「主の御手」と同じ言葉です。「見よ。主の手が短くて救えないのではない。」今でも神様はこのように御手を伸ばして私たちとともに働き、多くの人の心を砕くことがおできになります。

【二二節】

「この知らせがエルサレムにある教会の耳に入ったので、彼らはバルナバをアンテイオキアに遣わした。」 バルナバ、すなわち慰めの子が遣わされました。これは、エルサレムの教会がこの働きへの共感を表したからに違いありません。バルナバはキプロスの人でしたから（四・三六）、そこへ行ったキプロスの信者に特別な共感を表すことができました。また、その信者たちはおそらくバルナバを知っていましたから、彼はまさにそこに行くのに適当な人でした。

バルナバはこのとき、特別にそこの信者たちが聖霊のバプテスマを受けるようにと祈るために行ったわけではありません。この働きは初めから神様ご自身が始めてくださったので、人間の助けを要しませんでした。けれどもバルナバは信者を慰め、また彼らと交わるためにアンティオキアに行きました。

【二三節】

この働きが明らかに神様ご自身のお働きであることを見て喜びました。ルカの福音書一五章六節のような心をもって主と共に喜びました。「一緒に喜んでください。いなくなった羊を見つけましたから。」

この人は主の霊を得たので、良い牧者の心を心としましたので、失われた羊の帰ったのを見て喜びました。そして特にこの救われた人々に「心を堅く保っていつも主にとどまっているようにと……励ました」のです。いつでも主に近く歩むようにと勧めました。また、すでに神様の救いを受け入れましたから、主と共に行くように決心せよと勧めました。これは実に適当な勧めでした。このバルナバはなぜそんなに喜び、またそんなに勧めたのでしょうか。

【二四節】

「彼は立派な人物で、聖霊と信仰に満ちている人であった。」この人は品性が善である者でした。また、「聖霊に満ちている人」であり、働き人として「信仰に満ちている人」でした。バルナバはこのような人でしたから、この働きを見て喜び、また信者を慰めることができました。伝道のために一番大切なことは、聖霊の賜物をもっていることや、権威あるいは能力をもっていることよりも、その人がどういう人であるかということ、すなわち品性です。これが何よりも大切です。

バルナバはそのような人でしたから、その働きのゆえに多くの人々が信じたに違いありません。「こうして、大勢の人たちが主に導かれた」とあります。八章一九節でシモンという人は聖霊を求めないで伝道の力を求めましたが、失敗した、とあります。バルナバはこれとは反対に、心を潔《きよ》くして主に従ったので、多くの人々が主に加わりました。

けれどもバルナバは一緒に働く者を求めました。これは神様の御旨にかなうことです。神様は特別に、二人の者が心を合わせて福音を宣べ伝えることを願われます。私たちも神様にそういう友を求めるべきです。神様があるいは他の伝道者を与え、あるいは信者の中からそういう友を与えてくださるならば、伝道のために非常に幸いなことです。

昔から二人一緒に働くことは神様の御旨でした。出エジプト記三一章二節で神はベツァルエルを召されましたが、六節を見ると、オホリアブを与えて彼の同労者としてくださいました。これは、神様がベツァルエルに与えてくださった善い賜物でした。一緒に働く友人、一つ心をもって働くことのできる友を与えられることは、大きな恵みの一つです。今バルナバはそのような友を求めました。

【二五～二六節】

アンティオキアとタルソは二百四十キロメートルくらいありましたが、バルナバはそこへ行ってサウロを訪ねました。サウロはそれまでそこに八年間いました。この間、特別な成功はありませんでしたが、その間に神様は彼を備えてくださっていました。イザヤ書四九章二節のように「研ぎ澄まされた矢」を求めて、八年間静かにサウロを備えてくださっていましたが、今いよいよこの二人は一緒に働くようになります。

【二六節】

「彼らは、まる一年の間教会に集い……。」そのようにして信者を慰めたことでしょう。「大勢の人たちを教えた。」罪人をも導いたでしょう。そしてアンティオキアの伝道はだんだんと盛んになっていきました。ここの民はほとんど異邦人でしたから、おそらくアンティオキアに初めて異邦人の教会ができたのでしょう。

そうした新しいことが起こったので、弟子たちは新しい名をもらいました。「弟子たちは、アンティオキアで初めて、キリスト者と呼ばれるようになった。」聖霊は大切にそれをおっしゃいます。この「呼ばれる」という原語は特別な言葉です。神様が批准して公然と天下に宣言してくださるという意味のある言葉であり、普通の言葉ではありません。同じ語が他の箇所でも用いられています。マタイの福音書二章一二節、「警告されたので」、ルカの福音書二章二六節、「(聖霊によって)告げられていた」、ヘブル人への手紙八章五節の「御告げを受けた」、また同じ一一章七節に「警告を受けた」。これらは同じ言葉です。ですから、ここで弟子たちがキリスト者と称されたのは、神から称されたことであると考えられます。ですから、これは聖なる名前です。ヤコブの手紙二章七節を見てください。「あなたがたがその名で呼ばれている尊い御名」、この「その名」とは「キリスト者」という名のことです。主イエス・キリストの名をもってきて、キリスト者と称えられたのです。しかし反対者はこの尊い名を汚します。

また、この名は言葉としても珍しい名です。その思想はヘブルのもので、油を注がれることで、キリストと同じことです。しかしその語はギリシア語です。その語尾はラテン語のものです。ですから、この一語の中にあまねく世界の人の語を含んでいるわけです。神様は私たちにこの尊い名を与えてくださいました。

【二七節】

「そのころ、預言者たちがエルサレムからアンティオキアに下って来た。」これはキリスト者の預言者です。

預言者とは、神の力をもって神の言葉を宣べ伝える者です。特別に未来のことを宣べ伝えるのではありません。時としては未来のことも示しますが、神の霊に感じて神様の言葉を宣べ伝えるのです。

このとき、数人の預言者がエルサレムからアンティオキアにやって来ました。そのころは信者が教会を励まし助けるために、よく巡回していました。

【二八～二九節】

「その中の一人で名をアガボという人が立って、世界中に大飢饉が起こると御霊によって預言し、それがクラウディウス帝の時に起こった。」ですからアガボの言葉を信者たちは信用しました。この人が聖霊の力をもってこれからのことを示したと信じました。そして、そのために金を出しました。「弟子たちは、それぞれの力に応じて、ユダヤに住んでいる兄弟たちに救援の物を送ることに決めた」と。アガボは聖霊の力をもって預言したに違いありません。そして、だれもそれを疑うことができませんでした。それで、ユダヤに住んでいる兄弟たちを救うために施しを送りました。これによって、このときの信者に一致の精神があったことがわかります。

この人々は、出自からすればエルサレムにいるユダヤ人を軽蔑したかもしれません。けれども今、喜んで金を出して彼らを助けました。アンティオキアにも貧しい人がいたに違いありません。そこの教会のためにも、その地の伝道のためにも、お金が必要でした。けれども福音の源となったエルサレムのために喜んで金を出しました。これは二章四五節の心です。「財産や所有物を売っては、それぞれの必要に応じて、皆に分配していた。」

アンティオキアの兄弟姉妹たちは、まだ見ていない兄弟姉妹たちに対しても熱い愛をもっていました。これは真に神様の愛です。キリスト者のもつべき愛です。

【三〇節】

バルナバはアンティオキアの働きを見るためにエルサレムより遣わされましたが、

いまアンティオキアの教会の愛の実を持ってエルサレムに帰ります。バルナバが持って帰った義援金は、エルサレムの信者の目の前に神様の働きの良い証拠でした。バルナバがアンティオキアの伝道について何も言わなくても、その義援金を見れば、神様がそこで働いておられることがわかります。

神様はそのようにして次第に御国を広めてくださいました。また特別に信者に広く福音を宣べ伝えさせました。神様は今の時代の信者にも、こんな熱心さと愛とを与えることを願われます。信者がこんな熱心さをもっていれば、日本にも速やかにリバイバルが起こり、日本から次第にアジアの他の国々にも、アフリカにも福音が伝わるようになり、神の国が広められるようになるでしょう。

第一二章

27　ヘロデとの戦い

【一節】

「そのころ」とは、一一章二八節に記してある飢饉のころです。そのために貧しい信者は悩まされましたが、その苦しさの上にさらに苦しいことが起こりました。ヘロデ王が手を伸ばしてキリスト者を迫害したのです。これまでたびたび迫害がありましたが、それは、宗教を信じている人たちがキリスト者に対して行ったものです。ユダヤ人の権力者たちや祭司たちが迫害したのですが、いま初めて王が迫害してきました。王が世に属する力をもって神の国の広まるのを妨げようとします。

これまで〝使徒の働き〟で読んだように、聖霊に満たされた人々は大きな幸いを経験し、伝道の成功を見ることができます。けれどもそればかりでなく、時としてこの一二章にあるように、ヘロデのような者にも会わなければなりません。世に属する力に妨げられて迫害されます。どういう心をもってそうした敵に会ったらよいのでしょうか。本章で、そのことを知ることができます。

この一二章では、神様がどのようにして、そんな迫害を消し去り、教会を守ってくださるかを見ることができます。ヘロデは恐るべき者でした。この王には兵隊もあり、牢もあり、専制的な王でしたから、ひどい迫害をすることが可能でした。けれども信者は神様を信じたので、神様に守られ、この王に勝利を得ることができました。

【二節】

「ヨハネの兄弟ヤコブを剣で殺した。」　ここでマタイの福音書二〇章二三節が成就しました。「イエスは言われた。『あなたがたはわたしの杯を飲むことになります。』」ここでヤコブは主の預言のように杯を飲みましたから、マタイの福音書二〇章二一節にあるように、主の右に上げられたことでしょう。ヤコブはそのように殺されましたが、ペテロはこのとき、神様の摂理の御手によってヘロデの刃から救われました。両方とも神様の摂理でしたから、二人ともそれによって恵みと栄光を得たことでしょう。

そのときペテロが救われたことによって、教会は恵みと安心を得ました。しかし、ヤコブの死によっても教会は恵みを得たと思います。とはいえ、もしも教会がペテロのために祈ったように、このときヤコブのためにも祈ったならば、あるいはヤコブも救われたかもしれません。

【三節】

「それがユダヤ人に喜ばれたのを見て、さらにペテロも捕らえにかかった。」これは恐ろしいことです。人望を得るために迫害を行っているからです。ペテロはそのために捕らえられました。主イエスはヨハネの福音書二一章一八節でペテロについて預言して、「まことに、まことに、あなたに言います。あなたは若いときには、自分で帯をして、自分の望むところを歩きました。しかし年をとると、あなたは両手を伸ばし、ほかの人があなたに帯をして、望まないところに連れて行きます」と言われました。それで、このときおそらくペテロは心の中で、今その主の言葉が成就するのではないかと思ったことでしょう。死がペテロにだんだんと近づいてきました。ダビデが言った、「私と死の間には、ほんの一歩の隔たりしかありません」（Ｉサムエル二〇・三）とは、このときのペテロの状況でした。

【四節】

「ヘロデはペテロを捕らえて牢に入れ、四人一組の兵士四組に引き渡して監視させた。」ペテロは以前に（五・一九）、主の使いによって牢から救い出されました。ですからヘロデは、今度はそういうことのないように、特別に力を加えてペテロを守らせました。今度はペテロが絶対に逃げないように気をつけたわけです。「四人一組の兵士四組に引き渡して監視させた。」ですから、ここには戦いがありました。大きな戦いがありました。一方に、ヘロデとその兵士、牢の力、他方には、祈っている数人の信者がいました。五節にはこの合戦の様子が記してあります。

【五節】

「こうしてペテロは牢に閉じ込められていたが、教会は彼のために、熱心な祈りを神にささげていた。」教会はこのために神様に祈って戦いました。どんなに力のある王であっても、祈っている教会と戦えば、必ず王のほうが敗北します。そのときに信者たちは迫害を恐れず、続けて集まりました。これは大胆なことでした。

彼らは第一に、神様に祈りました。人間の力に依り頼まず、自分の力に頼らず、自らを低くして神様に救いを願いました。

第二に、切実にそれを願いました。ペテロの生命《いのち》が危険な時です。今ペテロが死ねば、ただペテロだけでなく、教会にとっても大きな損失です。ヘロデはすでにヤコブを殺しましたが、いまペテロをも殺し、さらに他の働き人をも殺せば、教会が敗れると思っていました。それで教会は切実な思いをもって祈りました。

第三に、心を合わせて祈りました。これは一個人の祈りではなく、教会全体の祈りでした。皆が心を合わせて主に近づいたので、力ある祈りでした。私たちも戦いの時にはそのように祈らなければなりません。そして、戦いの時は続いています。目に見えるヘロデ王はいなくても、霊の敵がいますから、いつでも戦いの時があるのです。ですからいつでも切実に神様に祈らなければなりません。信者たちは、神が先に一度ペテロを救い出してくださったことを覚えて、心を合わせ、信じて祈ることができたのでしょう。

【六節】

「ヘロデが彼を引き出そうとしていた日の前夜……。」これはペテロの生涯の終わりの晩であるはずでした。彼はヘロデの手に固く握られているように見えました。迫害者の手の中に固く縛られて、その翌朝は殺されると思われました。けれどもそうではありませんでした。ペテロはヘロデの手の中にあるのではなく、実は神様の御手の中にありました。伝道者の書九章一節、「まことに、私はこの一切を心に留め、このことすべてを調べた。正しい人も、知恵のある者も、彼らの働きも、神の御手の中にある。」これは幸いなことです。私たちもペテロのような状況に陥ったときに、神様の御手の中にあると信じて安心することができます。

その晩、ペテロにはそんな信仰があったと思います。十二時間後に引き出されて殺されなければならないという状況でも安らかに眠りました。主の使いがペテロを起こそうとしたときに、脇腹を突いて起こさなければなりませんでしたから、きっと熟睡していたのでしょう。

詩篇三篇四～六節を見てください。「私は声をあげて主に呼び求める。すると 主は聖なる山から私に答えてくださる。……私は身を横たえて眠り また目を覚ます。主が支えてくださるから。私は幾万の民をも恐れない。彼らが私を取り囲もうとも。」これは、その晩ペテロが歌うべき歌だったでしょう。

詩篇一二七篇一～二節も見てください。「主が家を建てるのでなければ 建てる者の働きはむなしい。主が町を守るのでなければ 守る者の見張りはむなしい。あなたがたが早く起き 遅く休み 労苦の糧を食べたとしても それはむなしい。実に 主はその愛する者に眠りを与えてくださる。」ですからヘロデの力はむなしいとわかります。その晩に助けのないペテロは、このように神様に守られました。二節の終わりにあるように、神様に愛され守られるときに、平安のうちに眠ることができます。ですからペテロも平安のうちに眠りました。信者も目を覚ましてペテロのために祈りました。主の使いはペテロのために力を出しました。

【七～八節】

「すると見よ。主の使いがそばに立ち、牢の中を光が照らした。御使いはペテロの脇腹を突いて彼を起こし、『急いで立ち上がりなさい』と言った。すると、鎖が彼の手から外れ落ちた。」ペテロは自分のできることは自分でしなければなりませんでした。帯を締めること、履き物をはくことなどは自分でできますから、それをしなければなりませんでした。けれども鎖を断ち切ること、戸を開けることなどはできませんから、それは主の使いがしました。神様はいつでもそのようにお働きになります。私たちの力でできることは私たちに命じて行わせ、それ以上のことはご自分がしてくださいます。

また神様は、人をお救いになるときには、丁寧にその人を導き、その人になすべきことを教えてくださいます。救いを求めている者は心の中に種々の思い煩いが起こりますが、神様はその人を丁寧に、詳細に至るまで導いてくださいます。また、私たちが難しい状況に陥っても、祈りに答えて、私たちを導いてくださいます。

ここで主の使いがペテロに衣服を着るようにと教えています。これは一方から考えますと、おかしなことです。御使いが靴をはくように教えることも、おかしなことです。けれども主の使いはただ大きいことばかりでなく、私たちにごく小さいことも丁寧に細かく教え導くことをここから知ることができます。

【九節】

ペテロは一〇章の幻を見たときに、それを事実であると思いました。今ここでは、この事実を幻であろうと思いました。こんなすばらしいことが事実であるとは信じられなかったのです。神様は私たちに、それほどの霊の恵みと霊の助けを与えようとなさいます。事実であると信じられないほどの大いなる幸いを私たちに与えようとなさいます。

詩篇一二六篇一～二節、「主がシオンを復興してくださったとき 私たちは夢を見ている者のようであった。そのとき 私たちの口は笑いで満たされ 私たちの舌は喜びの叫びで満たされた。そのとき 諸国の人々は言った。『主は彼らのために大いなることをなさった』」。神様はそのように私たちのために働き、思い以上の大きな恵みを与えようとされます。私たちを夢見る者のようにしようとしてくださいます。

列王記第一、三章一五節を見てください。これは、ソロモンが神様にお会いし、思い以上の約束と恵みを神様より与えられた時のことです。「ソロモンが目を覚ますと、見よ、それは夢であった。」 これは何でもないただの夢であると思うこともできました。けれどもソロモンはただの夢ではなく、神様が真に自分に近づいて、この約束を与えてくださったのだと堅く信じたのです。それで神様は、その夢にあったような恵みを与えてくださいました。

いまペテロの道には、目に見える大きな障害がありました。とても救われることができないという困難がその道を妨げていました。けれども主の使いの手に連れられて出たときに、その大きな障害が全部なくなり、全部が解かれたのです。

【一〇節】

「彼らが、第一、第二の衛所を通り……。」ペテロは奥の獄に入れられていました。主の使いはペテロを牢より引き出して町に出ると、すぐに彼から離れ去りました。それまでペテロは神様の使いに引かれて、御使いの光の中で救い出され、御使いの手に触ることができました。けれども御使いがすぐに彼から離れたので、ペテロひとりが寂しい暗黒の中に残されました。

神様はたびたび私たちをそのように取り扱われます。あるときは祈りの答えとして私たちに大きな幸福を与え、大いなる救いを経験させ、私たちにそのご臨在を悟らせてくださいます。けれどもその栄光がすぐなくなることもあります。これは神様の摂理です。時として私たちに感情を与え、時として天に属する光を与え、またご臨在を深く感じさせてくださいます。けれども時として、ただ信仰をもって暗黒の中を歩ませられます。

ルカの福音書二章一五節を見てください。その時までこの羊飼いたちは、天が開かれたのを見、また主の使いを見、天の歌も聞いていました。実に天の空気を吸った経験をもっていました。けれどもこの節を見ると、「御使いたちが彼らから離れて」、もはや再び前のように暗闇の中で何の光も見えませんでした。それで、いま見たことは何でもないただの幻であると思うこともできたでしょう。けれども羊飼いたちはそんな不信仰に陥らないで、主の使いが彼らを離れ去って天に昇ったときに、イエス様を訪ねるためにベツレヘムへ行ったのです。

【一一節】

「そのとき、ペテロは我に返って言った。」ペテロはこのことを静かに考えました。これは大切です。

私たちは神の恵みを確実にいただいているときに、ペテロのように静かに立ち止まって、それを考え、悟ることを求めなければなりません。詩篇一〇七篇四三節を見てください。「知恵のある者はだれか。これらのことに心を留めよ。主の数々の恵みを見極めよ」とあります。こういう救いを経験するときには、静かに深くそれを考えてください。光を得て、神様のあわれみと愛とを理解することができるからです。

ルカの福音書一七章一五節を見てください。このとき、十人のツァラアトに冒された人がきよめられましたが、その中の九人はきよめられたとき、あまり深くそれついて考えずに、そのまま祭司のもとに行きました。けれども「そのうちの一人は、自分の癒やされたことが分かると」、深くそれを考えて、それによって主のいつくしみを知り、「大声で神をほめたたえながら引き返して来て、イエスの足もとにひれ伏して感謝し」(同一六節)ました。

「そのとき、ペテロは我に返って言った。『今、本当のことが分かった。……』」もう幻だろうとは思いません。いま知りました。神様が御使いを遣わして、ヘロデとユダヤ人の扱いより救い出してくださったことを。

【一二節】

「それが分かったので、ペテロは、マルコと呼ばれているヨハネの母マリアの家に行った。」マルコは、ペテロに愛されていた青年でした。ペテロの手紙第一、五章一三節の終わりに「私の子マルコ」とありますから、おそらくマルコはペテロに導かれた人で、それゆえに愛によってつながれていたのでしょう。マルコの母マリアはバルナバの母の妹でしょう。コロサイ人への手紙四章一〇節に「バルナバのいとこであるマルコ」と書いてありますから、その母はバルナバの伯母であったと思われます。そのマリアの家に大勢の人々が集まって、祈っていました。

【一三〜一四節】

牢の門でもひとりでに開きました。鉄の門でもひとりでに開きました。けれどもこの門はそのようには開きません。私たちは鉄の門が開かれることを経験すれば、ほかのすべての門も私たちのために開かれるだろうと思いますが、それは間違いです。

多くの人たちが祈っていました。そしてその祈りがすでに答えられて、「祈りの答え」が門の前に来て立って、戸を叩いていました。ですから、そのときには祈りをやめて門を開くべきでした。けれども信じていなかったため、なお祈りを続けていました。私たちもそのように祈りを続けていて、その戸を開けないことがあります。起きて戸を開けば、祈りの答えを受けることができるのです。

【一五節】

人々はロダの言うことを信じず、「あなたは気が変になっている」と言いました。これが人というものです。祈りの時に、ある人がこの祈りはすでに答えられたと言えば、その人はしばしば気が変になっていると思われます。神様が働いてくださるときにも、たびたびこんな不信仰が起こります。この信者たちは、神様は王の王でヘロデの位よりも高い位に座しておられること、牢に入れられた者を救い出してくださる方であることを学ばなければなりませんでした。

【一六〜一七節】

「彼らが開けると、そこにペテロがいたので非常に驚いた。」　一六節の後半に、彼らはペテロを見て驚き、死からよみがえった者を見るようであった、とあります。

ペテロは、動揺している信者たちを制して、「このことをヤコブと兄弟たちに知らせてください」と言いました。このマリアの家の祈り会は、もしかして女性ばかりの集まりであったかもしれません。けれどもその祈り会のためにヘロデ王は敗れました。（この節に記されている「ヤコブ」は二節の「ヤコブ」ではなく、「主イエスの兄弟のヤコブ」です。）

【一八〜一九節】

番兵たちは、それについて何も説明できません。これは奇跡でした。けれどもマリアや他の信者たちは、それを説明できます。奇跡は信じない人には少しもわかりません。

私たちは歴史の中に神様の霊の働きを見ることができます。この箇所には面白い霊的な意味があります。第一に、罪人はペテロのように死罪を言い渡された者です。第二に牢の中にいます。第三に、眠っていて、自分の恐ろしい運命に気づかずにいます。第四に鎖につながれています。第五に悪魔に捕らえられています。奇跡によらなければ、そんな罪人を救うことはできません。奇跡が行われなければ、人を救うことはできません。私たち救われた者は、それぞれ神様の奇跡を経験した者です。しかし、どのようにして救いを得るかというと、「起きなさい」という神様の声を聞き、その御声に従うことによってです。そうすれば鎖が切断されます。捕らえている者が力を失います。また障害がすべて取り除かれます。そういうことを即座に経験します。

罪人のために罪の暗い牢より出る道が開かれました。だれでも神様の御声に従って悔い改めるならば、罪を捨てて自由を得ることができます。

【二〇〜二三節】

この二〇節から迫害者の恐ろしい死を読みます。一二章の初めを見ると、ヘロデは実に力のある者、栄光ある者であると思われます。またこの二〇節を見ると、そのときにヘロデの勢力が大いに輝いていることがわかります。ですから外側を見れば、ヘロデは王の王のようでした。万事を支配する者であるように見えます。神様は王でないように思われます。けれどもこの話の終わりまでを読めば、ヘロデの栄光は虫に食われた栄光でした。ヘロデは神様の御手から大きな罰を受けなければなりませんでした。

私たちは、悪を行う者の力を見て、神様が王でないかのように思うことがあるかもしれません。けれども事の終わりまでを見るならば、神様は義なる王であることが必ずわかります。神様は必ず罪人を罰せられます。ついにはご自分の栄光を現されます。詩篇七三篇一七節を見てください。この詩篇の初めのほうを見ると、作者は悪を行う者の成功を目にし、そのために心の中にいくらか不信仰が起こりました。けれども一七節に、「ついに私は　神の聖所に入って　彼らの最期を悟った」とあります。悪を行う者の最期を見たわけです。その最期はどうだったかというと、一八節以下を見てください。「まことに　あなたは彼らを滑りやすい所に置き　彼らを滅びに突き落とされます。ああ　彼らは瞬く間に滅ぼされ　突然の恐怖で　滅ぼし尽くされます。目覚めの夢のように　主よ　あなたが目を覚ますとき　彼らの姿を蔑まれます」（一八〜二〇節）。そのように歴史の終わりまでを読めば、神様は必ず義を行う王であることがわかります。

一二章の初めのほうでは、主の使いはペテロのそばに行って救いを与えました。今この終わりのほうでは、ヘロデのそばに行ってさばきを下しました。何のためにさばきを下したかというと、二三節、「ヘロデが神に栄光を帰さなかったから」でした。ヘロデはそれまでひどい罪を犯しました。ヤコブを殺害しました。またペテロも殺そうとしました。けれども神様は特別にその罪を指し示されません。罪の源である彼の心のあり様を示し、心の高慢、自分を高くすることを指摘し、それゆえにさばきを行われました。神様に栄光を帰さず、自分を高くすること、この高慢がヘロデの最も深い罪でした。だれでもこの罪のためにさばかれなければなりません。

ペテロはこの章の初めで、牢に入れられ、死に向かっていました。けれども救われました。今この章の終わりでは、ヘロデがさらに恐ろしいものにつながれて、恐ろしい病気にかかって死に向かっているのを見ます。ヘロデは救いを得ませんでした。ペテロは牢に入れられていましたが、哀れな者ではありませんでした。むしろ高い位に座するヘロデ王が、目に見えない牢に入れられている哀れな者でした。ですから二四節を見てください。

【二四節】

「神のことばはますます盛んになり、広まっていった。」ハレルヤ。

ヘロデは王としての自分の力を伸ばして、神の言葉が広まるのを止めようと考えましたが、何もできませんでした。神様はそのみことばを成し遂げられますから、ヘロデがどんなに王の力を伸べても、それを止めることはできません。今日でもどうにかして福音を妨げようとする者がいますが、私たちはそれを恐れてはなりません。この教会のようにひざまずいて祈っていれば、私たちは権力をもっている者に必ず勝利し、神の国はますます盛んに広まっていきます。この節はこの時の戦いの終わりを記していますが、今の戦いの終わりもやはりこのようになります。

第一三章

28　世界伝道の開始

これは実に大切なことです。主イエスは初めから世の終わりまで光を放とうとなさいます。また世のすべての人々を救おうとなさいます。この〝使徒の働き〟の一章から一二章の終わりまでは、ただその働きの準備だけを記しています。一二章の終わりまでで、まずエルサレムにおいて、次にユダヤにおいて、またサマリアにおいて福音が宣べ伝えられました。けれども、それは地の果てまでのリバイバルの準備だけでした。戦争になれば、司令官はよく準備をしてから戦場に出ます。それと同じように、これまで神様は弟子たちと使徒たちの心を備え、その信仰を育ててくださいました。そして、いま真の戦争が始まります。

パウロは十年前に救われて、十年の間、静かにアンティオキアの教会の兄弟姉妹らと一緒に集まり、静かに伝道していました。十年間、静かに神様の前に修養していました。その修養は、特に信者の兄弟姉妹たちと交わることによるものでした。そして、ついに神様がこの器を用いてくださる時となりました。
神様はいま地の果てに至るまでの伝道を始めようとなさいます。どこから、どの教会からそれを始めてくださるのでしょうか。エルサレムの中から、すなわちエルサレムの使徒たちからそれを始めてくださるのが当然であるように考えられます。けれどもどういうわけか、神様はエルサレムの教会をお使いになりませんでした。ひょっとすると、エルサレムの信者たちは昔からの習慣によって偏見を持っていて、自由に神様の導きに従えなかったからかもしれません。ともかく神様は自由な教会に行き、その御声を聞くことのできる信者のところへ行って、喜んで十字架を負う信者を選ばれます。そのためにアンティオキアの教会に、この尊い働きをお委ねになりました。どうか私たちもそういう教会となって、神が私たちを用いてリバイバルの火を起こしてくださるように願いたいものです。

【一〜三節】

この広い伝道の源となった教会の特質は何でしょうか。
第一に、真に恵まれた教会でした。一一章二三節でそのことがわかります。「バルナバはそこに到着し、神の恵みを見て喜んだ。」ですから、だれでもその教会に来れば、神のあふれるほどの恵みを見ることができました。

第二に、この教会は他の人の身体のことも心配しました。一一章二九節を見てください。「弟子たちは、それぞれの力に応じて、ユダヤに住んでいる兄弟たちに救援の物を送ることに決めた。」ですからあわれみ深い教会でした。まだ見ていない兄弟姉妹たちをも愛する教会でした。真の信者と一致している教会でした。

第三に、聖霊の賜物を得ていました。この一三章一節にあるように、その教会には「預言者や教師」がいました。信者の中に、聖霊の力をもって神様のみことばを宣べ伝える兄弟姉妹がいました。預言者の働きは特に広い伝道です。信者でない人たちに対して十字架を宣べ伝える者です。教師の働きは特に聖書を開いて信者の信仰を助ける者です。両方とも聖霊の力がなければできません。またこういう働きは昇天された主イエスの賜物でした。この教会は豊かにそのような賜物を得ていました。

第四に、この教会の中には一致と愛がありました。それは、この一節を見ればわかります。「バルナバ」は財産家でした。「ニゲルと呼ばれるシメオン」とありますが、「ニゲル」とはラテン語で「黒」という意味です。彼はおそらくアフリカ出身の人だったのでしょう。「クレネ人ルキオ」とありますが、「クレネ」はアフリカの北のほうの地です。「領主ヘロデの乳兄弟マナエン」は実に身分の高い人でした。この乳兄弟というのは、ただ一緒に乳を飲んでいたというのではなく、ヘロデと一緒に教育を受けて成長した人ということです。ですから、格別に位の高い人だったわけです。こういう人たちがみな神様の愛に溶かされて一つとなりました。実に美しいことです。

第五に、断食をして祈る教会でした。「彼らが主を礼拝し、断食していると」(二節)と記されています。聖霊によって祈りの熱心さ、祈りの力を得た教会でした。その教会の中にそのような力を得た信者がいただけでなく、教会全体が一つとなって祈りの力をもっていました。

第六に、神様の御声を聞くことができました。おそらく皆が神様の声を聞いて、それに賛成しました。ただ牧師だけでなく、また熱心な信者だけでなく、教会一同が神様の声を聞きました。ですから喜んでそれに従いました。

第七に、喜んで神様に最も良い物をささげました。神様はバルナバとサウロを望まれましたが、この二人はおそらく特別に教会を助け、また彼らのゆえに教会は特別に恵まれたのでしょう。ですから、他の国にぜひ人を送らなければならないならば、他の人を送りたいと思うのが普通ですが、この教会はそのために一番の働き人を遣わそうとしました。

以上の七つのことによって聖霊に満たされた教会はどういうものであるか、その姿を知ることができます。私たちはこのことをしっかりと理解して、今の教会の不足と冷淡な姿を感じたいものです。ただ自分の不足を感じるだけではいけません。聖霊に満たされた者は、教会のために、国のために重荷を負います。どうか教会のためにも重荷を負って、神様がこの国にアンティオキアのような教会を起こしてくださることをお祈りください。

「わたしのためにバルナバとサウロを聖別して、わたしが召した働きに就かせなさい」（二節）。ですから神様はすでにこの二人にお命じになっていたようです。静かにこの二人に近づいて、導きを与えておられました。けれども神様は、恵みを得た教会をご自分と一緒に働かせます。これは面白いことです。神様はただご自分からは働き人を遣わされません。ご自分と一致している教会に語りかけ、その教会に働き人を選別するように言われます。それでその働き人は、その教会が神にささげるささげ物となります。ささげ物をすれば、それゆえにその教会は新しい恵みを得ます。

「わたしが召した働き……。」ですから神様はすでにその働きの計画を持っておられます。私たちが神戸の伝道、あるいは日本の伝道の計画をするのではありません。大切なことは、神様のご計画を悟ることです。時には私たちは大きな間違いを犯すことがあります。ここで、あるいはあそこで働かなければならないと思って、大きな町や賑やかな大都市へ伝道に行きますが、少しも成功しません。神様がそれをお命じになったのではないからです。日本のリバイバルは、東京や大阪のような大都会の大きな教会からは起こらないかもしれません。山奥にある小さく寂しい村の教会から起こるかもしれません。私たちはただ神様の計画を悟って、それに従えばよいのです。

このバルナバとサウロの二人にとってアンティオキアはきっと大切な働き場所であり、そこに大切な伝道の地があったでしょう。けれども神様は、そこを出て、さらに大切な伝道を始めなさいとお命じになりました。ですから「そこで彼らは、断食して祈り」をささげたのです（三節）。あらためて断食をして祈ったのでしょう。これは、二節にある断食をしたのとは別の時です。断食をして神様の声を聞いたので、数日後にもう一度断食して祈り会を開いたわけです。そうして「二人の上に手を置いてから送り出した」のです。おそらく涙の中で、この愛する兄弟たちを遣わしたのでしょう。二人は命をかけて出かけました。当時の伝道は今の伝道とは違い、命がけで行かなければなりませんでしたから、アンティオキアの信者たちも、もう会うことができないかもしれないと思いながら、涙をもって彼らを遣わしたでしょう。

【四節】

「二人は聖霊によって送り出され……。」　二節に「わたしが召した働き」とありますから、先に述べたように、神様はすでにこの二人に命じておられました。けれども今この四節に「聖霊によって送り出されて」とあります。これは同じことを言っているのではないと思います。ここは、二人とも新たに聖霊の感化を得、聖霊の導きをあらためて得て、新たな確信を得たという意味であろうと思います。アンティオキアの信者たちの祈りの答えとして、二人が聖霊の感化を受けて、新たな決心、熱心さ、勇気を得たのです。

一六章六～八節を見ると、「それから彼らは、アジアでみことばを語ることを聖霊によって禁じられたので、フリュギア・ガラテヤの地方を通って行った。こうしてミシアの近くまで来たとき、ビティニアに進もうとしたが、イエスの御霊がそれを許されなかった。それでミシアを通って、トロアスに下った」とあります。そのときには、彼らがある道を歩いていると、聖霊が特別にその道をお止めになったのです。今ここではその反対で、聖霊が正しい道を彼らにお示しになりました。それで二人は「聖霊によって送り出されて」行きました。

働き人は、父なる神と子なる神、および聖霊なる神から遣わされます。

第一に、父なる神に遣わされます。マタイの福音書九章三八節を見てください。

「だから、収穫の主に、ご自分の収穫のために働き手を送ってくださるように祈りなさい。」ですから父なる神は働き人を遣わしてくださいます。

次に、子なる神も働き人を遣わしてくださいます。ヨハネの福音書二〇章二一節を見てください。「イエスは再び彼らに言われた。『平安があなたがたにあるように。父がわたしを遣わされたように、わたしもあなたがたを遣わします。』」ですから働き人は子なる神に遣わされて行きます。

第三に、ここにあるように、聖霊なる神も働き人を遣わされます。

第四に、やはりこれも今のところにあるように、教会が働き人を遣わします。

私たちは、父なる神、子なる神、および聖霊なる神の召しをいただくはずです。新しく伝道に出て行くときに、マタイの福音書にあるように、父なる神様の召しを受けたかどうかを自ら尋ねなければなりません。またヨハネの福音書にあるように、子なる神様の召しを得たかどうか、またここにあるように聖霊なる神様の召しをいただいたかどうかを尋ねなければなりません。このように真の召しをいただけば、真に大胆さをもって信じて出かけることができます。この二人はそのように召しを受け、そんな心をもって出かけました。

「二人は聖霊によって送り出され、セレウキアに下り……」（四節）。ここは、アンティオキアから三十六キロメートルほど離れた港です。そこへ行って、「そこからキプロスに向けて船出し」ました。キプロスはバルナバの郷里です（四・三六）。ですから特別に重荷を持って、ここにやって来ました。これが聖霊の導きであったことは間違いありません。バルナバは自分の国に帰って、その地に福音を伝えました。一一章二〇節を見ると、キプロスの人は以前にアンティオキアに伝道していたことがわかります。「ところが、彼らの中にキプロス人とクレネ人が何人かいて、アンティオキアに来ると、ギリシア語を話す人たちにも語りかけ、主イエスの福音を宣べ伝えた。」ですから、アンティオキアの人々も特にキプロスに行って伝道するように勧めたと思います。

【五節】

「サラミスに着くとユダヤ人の諸会堂で神のことばを宣べ伝えた。」サラミスはキプロスの南の港です。「ユダヤ人の諸会堂で」とありますから、どこの教会においても福音を宣べ伝えたわけです。

【六節】

「島全体を巡回して」とあります。おそらくどこでも福音を宣べ伝えて「パポスまで行った」のでしょう。「パポス」は西のほうの港です。そこで「ある魔術師に出会った。バルイエスという名のユダヤ人で、偽預言者であった」と記されています。

神様のために新しい働きを始めると、必ずすぐに悪魔に遭遇します。私たちはそれに驚いてはなりません。アダムはエデンの園の中でサタンに出会いました。神の御子は伝道を始めたときに、すぐに悪魔に出会いました。ピリポは、〝使徒の働き〟八章においてサマリアにリバイバルが起こったときに悪魔に出会いました。パウロたちもやはり伝道の初めに悪魔に出会いました。もしも心の中に聖霊に遣わされているという確信がなければ、ひょっとすると臆病の思いが生まれ、恐怖が起こって敗北したかもしれません。けれども神様がすでに鎧《よろい》を与えてくださったので、悪魔に出会ったとき、かえって大勝利を得て確実に神様の力を見ることができました。真の伝道者は、いつでもそのようにして困難に遭遇するときに、神様の力を見せていただくのです。

【七〜八節】

セルギウス・パウルスは島の地方総督です。この島の総督までもパウロの伝道のことを聞いたわけですから、それは静かな密室の伝道ではなく、そこまでに大きな結果があったことがわかります。この島の総督もその噂《うわさ》を聞き、パウロから慰めの言葉を聞きたかったのです。

ところが、この総督が悔い改めれば、大きな変化をもたらしますから、悪魔は何が何でもこれを妨げようとし、大きな戦いが生じました。この戦いは、パウロがサタンと戦うのではありません。聖霊と悪魔との戦いです。パウロの戦いではなく、神様の戦いなので、パウロは安心して神様の力を待ち望みました。

【九節】

このときパウロは新たに聖霊に満たされました。聖霊は新たにパウロに臨み、パウロをお用いになりました。ですから聖霊ご自身が戦われたのです。

「聖霊に満たされ、彼をにらみつけて」とありますが、聖霊は、聖霊に満たされている人に鋭い眼力を与えてくださいます。

【一〇節】

「ああ、あらゆる偽りとあらゆる悪事に満ちた者、悪魔の子、すべての正義の敵、おまえは、主のまっすぐな道を曲げることをやめないのか。」聖霊はいつでも愛の言葉、慰めの言葉ばかりを語られるわけではありません。あるときは鋭いさばきの言葉、のろいの言葉を語られることがあります。

けれども、ここで気をつけなければならないことがあります。肉に属する考えをもって、肉から起こった怒りのために鋭い言葉を語れば、それは実に恐ろしい罪です。聖霊に満たされた者は、時として救いの言葉ではなく、さばきの言葉を発しなければなりません。

【二一節】

終わりのほうの「彼は手を引いてくれる人を探し回った」という言葉には、手を引いてくれる人を求めたが、みな神様の働きを見て恐れ、そんなのろわれた彼を助けることをしないという意味が含まれているように思われます。

神様のさばきは暗闇です。この人はこれまで暗闇の中にいました。ペテロの手紙第二、二章一七節、「この者たちは水がない泉、突風で吹き払われる霧です。彼らには深い闇が用意されています」。この深い闇がそれまでその人の心の中にあったので、いま神様はさらなる暗闇を彼に与えました。エレミヤ書一三章一五〜一六節をも見てください。「耳を傾けて聞け。高ぶるな。主が語られたからだ。あなたがたの神、主に、栄光を帰せよ。まだ主が闇を送らないうちに、まだあなたがたの足が夕暮れの山でつまずかないうちに。あなたがたが光を待ち望んでも、主はそれを死の陰に変え、暗黒とされる。」これは実に恐ろしい言葉です。私たちはだれでも、神様の光を拒めば神様から暗黒を与えられます。神様の導きを得なければ、夕暮れの山につまずかなければなりません。

この人は神様のみことばを拒みました。聖霊の力をもって宣べ伝えられた言葉を拒んだので、神様は暗黒の中でその足をそのようにつまずかせました。ローマ人への手紙一章二一節に、「彼らは神を知っていながら、神を神としてあがめず、感謝もせず、かえってその思いはむなしくなり、その鈍い心は暗くなったのです」とあります。この人はそのときに明らかにこのようなのろいを受けました。

私たちの周囲の人々がこういうのろいを受けていたとしても、外側から見て、それがわからないかもしれません。けれども神様のさばきは当然の理にかなっています。暗闇を選べば、神は暗闇をお与えになります。

けれどもこのときパウロの心の中には、いくらか恵みの考えがあったようです。自分は悔い改めたときにひどい暗闇の中をさまよいましたが、救われて聖霊に満たされるという経験をしました。それで、今この罪人を見て、自分の罪を深く思い起こしたかもしれません。自分も先には悪魔に支配されて神の働きを妨げ、他の人々が信じないようにさせていたことを思い起こし、心の中で深くそれを感じたのでしょう。

どのようにすれば、そんな罪深い人々を悔い改めさせることができるでしょうか。パウロはさばきの暗闇に入りましたが、そこを通って、またそれゆえに救いを得ました。

パウロもこの魔術師も、神様の恵みの言葉を聞きました。パウロは、聖霊に満たされて御使いのようになったステパノの口から福音を聞きましたが、それを拒みました。

今この魔術師もそれと同じ罪を犯しました。パウロには、自分が神様の恵みを受けたので、この人も救われるという信仰があったのかもしれません。パウロは恵みの言葉を拒み、さばきの暗闇を受け、かえってそれゆえに救われました。同様に、この人も恵みの言葉を聞かなかったのですが、さばきの言葉を聞いて救われる可能性があると思ったかもしれません。

聖霊に満たされれば、私たちはいつも恵みの言葉を話し、またそれによって人々を引きつけます。それとともに、聖霊に満たされた伝道者は時として、人を救うためにさばきの言葉を言う力をもっています。そういう伝道者は主イエスと同じ力をいくらかもっています。主イエスの力によって生命《いのち》を与えます（ヨハネ五・二一）。また、さばく力をもっています（同五・二二）。神の人はこの二つの力をもっているのです。

【一二節】

「主の教えに驚嘆し」とあります。特別にこの奇跡に驚いたのではなく、主の教えに驚いたのです。その奇跡は実に驚くべきことでしたが、主の教えはさらに驚くべきものです。罪人がこのようにして、さばきを受けるのは珍しいことです。けれども神様の恵みと主イエスの贖いはさらにいっそう驚くべきものです。ですから「主の教えに驚嘆し、信仰に入った」のです。正しい信仰の中には、いつでも驚きが含まれています。

このときの伝道の結果を、私たちはここであまり詳しく見ません。けれども必ず大きな成果があったに違いありません。そのときに起こったリバイバルが、おそらく燃え上がって広がったと思います。セルギウス・パウルスという地方総督が救われたので、多くの人々が福音を聞いて受け入れたのだろうと思います。

九節を見ると、そのときからパウロは新しい名を得ました。旧約聖書においてもたびたび、新たな恵みを得たときに神様は新しい名をつけてくださいました。ヤコブはイスラエルという名を得、シモンはペテロという名をつけられました。そのように、このときにサウロも新しい名を得ました。その名はここの地方総督の名でもありましたが、それと関係はありません。サウロはそんな低い考えで名前を変えたのではありません。必ず深い理由があったのだと思います。おそらく神様がサウロに新しい名を与えてくださったのでしょう。

サウロはベニヤミンの末裔でしたから、その名は、昔のベニヤミンの部族から出た王のサウルを記念します。パウロというのはローマの身分の高い家の名で、有名な名前です（この地方総督も身分の高い家の一人だったのでしょう）。けれどもパウロという名は、低く小さい者という意味です。サウロはこれからは自分を出さずに、人々の目の前で小さい者となって生涯を送りたかったのです。あの回心の前には、できるだけ自分を高くしようとしました。けれどもこれからはできるだけ自分を低くしようとします。

またパウロはローマの名でした。彼は確実に異邦人に福音を宣べ伝えたかったので、ユダヤの名を捨ててローマの名をつけたのかもしれません。それでローマ人と親しく交わることができたのです。

【一三節】

「パウロの一行は、パポスから船出してパンフィリアのペルゲに渡ったが、ヨハネは一行から離れて、エルサレムに帰ってしまった。」

一三節からアジア本土に渡ります。おそらくこの周辺で伝道するつもりだったのでしょう。キプロスは途中立ち寄っただけで、これは自然な流れでしたが、ここからだんだんと目的の伝道地へ向かいます。

このときヨハネはエルサレムに帰りました。何のためであったかについては、ここに記されていません。しかしパウロが、これはとがめるべきことであるとしたことが後にわかります。たぶんヨハネは旅行が危険なこと、あるいは旅に苦痛を覚えて、それに耐えるだけの覚悟がなくて帰ったのでしょう。パンフィリアとペルゲのあたりには山賊がいました。また、たびたびその辺に大水が出て、危険な場所でもありました。コリント人への手紙第二、一一章二六節を見てください。こういう危険に遭わなければなりませんでした。「何度も旅をし、川の難、盗賊の難、同胞から受ける難、異邦人から受ける難、町の難、荒野での難、海上の難、偽兄弟による難にあい」と記されています。この若者はこういうことを恐れたのかもしれません。

そのころの伝道者は、覚悟を決めて出て行かなければなりませんでした。今日の伝道者はそれに比べて容易だと思います。その時代には命をかけて伝道に行かなければなりませんでした。特に外国伝道にはその覚悟が要りました。私たちも本来はそういう心をもって伝道に出なければなりません。わずかな迫害や、少しばかりの困難のためにその伝道をやめてしまうことがありますが、このパウロの心をもって、大胆に伝道する心をもって戦いに出たいものです。

ヨハネはエルサレムの祈りの家の息子でした（一二・一二）。またバルナバのいとこでした。ですから福音について知識がなかったわけではありませんが、その恵みの経験は直接に主より受けたものではなく、受け売りのものだったのでしょう。こういう困難に遭うことに耐えることができるのは、主より直接に恵みを得た者だけです。

ヨハネは、このとき堕落したのではありません。自分の信仰の浅いこと、また恵みに浅いことを認めました。エルサレムの聖徒と交わっていたときにはその心が燃えましたが、それは真の自分の経験でありませんでした。しかし、いま外から受けた恵みが消えたときに自分の真の姿と立場とを知ったのです。これはかえって幸いでした。私たちは自分をうまく欺くことができます。恵みに満ちた集会に出たときには、または恵みを受けた兄弟姉妹と交わりをもっているときには、自分も大きな恵みを受け、信仰に進んだと思います。けれども神様に追い出されて寂しいところへ行き、そこで自分の魂の様子や信仰の状態を示されることがあります。それは確かに苦しいことですが、幸いなことです。それを知って神様に真の恵みを求めることができるのです。

【一四〜一五節】

「安息日に会堂に入って席に着いた。」ですから、パウロはまず第一にユダヤ人に福音を宣べ伝えるつもりでした。これは神様の導きでした。それによって神様の恵みを知ります。ユダヤ人は、神様が遣わされた御子を殺した者たちでした。またペンテコステの日に、エルサレムにおいて聖霊の力をもって宣べ伝えられた福音を聞きながら、それを拒んだ者たちでした。それのみならず、クリスチャンを迫害し、力を尽くして神の子どもたちを殺した人々です。けれども神様はなおも彼らを尋ね求めておられます。散らされたユダヤ人にも福音を宣べ伝えようとなさいます。罪深い者も捨てずに、なんとかして救おうとなさいました。
パウロは特に異邦人のために選ばれた伝道者でしたが、いつでも最初にユダヤ人を訪ねました。ここでもそんな心をもって会堂に入りました。そしてそこにいるユダヤ人を見て、彼らが救いを得るように願い、そのために熱心に祈ったことでしょう。ですから、一五節で会堂司が奨励することを願ったときに、燃える心をもって立ち、ユダヤ人に救いの道を宣べ伝えました。

【一六節】

「そこでパウロが立ち上がり、手振りで静かにさせてから言った。」この説教も私たちのための手本です。パウロはだれに対して説教をしたかというと、「イスラエルの人たち」、またそれだけでなく、「ならびに神を恐れる方々」、すなわち神を求める異邦人にも説教しました。ですから、ただイスラエル人だけでなく、異邦人も神様の救いを受けることができます。パウロは初めから広く神様の福音を宣べ伝えました。この説教の題は何だったかというと、三八～三九節を見ればわかるように、信仰によって義とされることです。

【一七～二六節】

パウロは、神様がどのようにしてユダヤ人を導き、ユダヤ人に指導者と預言者を与えてくださったかを示しました。神様は彼らを「選び」、「導き出し」、「耐え忍ばれ」ました。母がその子を抱いて育てるように、丁寧に育ててくださいました（一七〜一八節）。また敵を滅ぼしてその地を継がせ（一九節）、さばき人を与えてくださいました（二〇節後半）。士師記を見ると、さばき人は救い主であることがわかります。いろいろな救い主を与えてくださいました。ですから、この一七節から二〇節までを見れば、神様がイスラエル人を恵み、これをできるだけ祝福し、恵みと救いを表してくださったことがわかります。そしてついに二三節で真の「イスラエルに救い主イエスを送ってくださいました」。これは実に喜びの知らせでした。

だれがこの救い主の証人だったかというと、それはヨハネでした（二五節）。ユダヤ人はみなこのヨハネを敬い、ユダヤにいる多くの人々は彼の足もとに近づき、彼から悔い改めのバプテスマを受けました。当時の人々は、ヨハネを預言されたメシアであるかもしれないと思うほど重んじました。その彼が主イエスを指して、救い主であると証言したのです。

二六節でパウロは、神様がピシディアのアンティオキアにいる方々にこの使命を与えてくださったと述べています。「アブラハムの子孫である兄弟たち、ならびに、あなたがたのうちの神を恐れる方々。この救いのことばは、私たちに送られたのです。」　エルサレムにいる人々はそれを拒みました。けれども神様は、この遠いところにいる「あなたがた」にも、救いの恵みを伝えさせるのです。

【二七節】

「エルサレムに住む人々とその指導者たち」は旧約聖書を読みましたが、その中に預言されている救い主のことを知りませんでした。ですから神様がこういう救い主を与えてくださったときに、かえってそれを断ってしまいました。

【二八～二九節】

主イエスが十字架に釘づけられることは、旧約聖書に預言されていました。メシアは、その苦しみを受けなければなりません。ユダヤ人は、十字架に釘づけられた者を救い主と信じることができませんでした。けれども十字架に釘づけられなければ、旧約聖書に預言された救い主ではありません。主イエスが十字架にお上りになったことは、神様から遣わされた救い主であるという明らかな証拠です。

【三〇～三一節】

神様はユダヤの権力者たちに対して、彼らが拒んで殺した救い主をよみがえらせてくださいました。そして主は多くの人々に現れてくださったので、その人々はそれを証しします。

【三二節】

これまで読んだ箇所の概略は、以下のとおりです。第一に、今までの恵みと神様のいつくしみとを説教しました。第二に、神様は救いを与えるという約束をし、主イエスによってそれを成し遂げてくださったと説きました。第三に、この救い主は十字架に釘づけられ、またよみがえりました。そして第四に、神様はその人によって約束の救いを私たちに与えるとおっしゃいました。それがすなわちこの節です。

三三節以降では旧約聖書を引いてそれを確かめます。

【三三節】

ですから神様は一人の人をご自分の息子とおっしゃいます。ユダヤ人は今まで主イエスを神の御子と信じることができませんでした。けれども詩篇二篇によれば、神様が一人の人をご自分の息子とお呼びになるのは明らかなことです。「あなたはわたしの子。わたしが今日、あなたを生んだ。」

【三四節】

この「ダビデへの確かで真実な約束」とは、ダビデの子孫の中からダビデの位に就く者が起こるということです。神様がそれを成就するためには、一人の人に永遠のいのちを与え、その人を王としなければなりません。ですから、そのために神様は主をよみがえらせようとされたのです。

【三五〜三七節】

「ダビデは、彼の生きた時代に神のみこころに仕えた後、死んで先祖たちの仲間に加えられ、朽ちて滅びることになりました。」ダビデは眠り、やがて朽ち果てましたから、詩篇の言葉はダビデのことではありませんでした。

【三八節】

「ですから、兄弟たち、……。」今この説教の終わりに会衆の心に訴えて、主の救いを勧めます。それまで述べてきたことが会衆とどういう関係があるかを語ります。これまで述べられた説教は、単なる歴史上の面白い話だったでしょうか。これはただ聖書の中だけの話だったでしょうか。いいえ、あなたがたに関係のあることである、とパウロは述べました。私たちもそのように、説教の終わりにはそれを会衆に当てはめなければなりません。

このイエスによって、ただ主イエスによって、罪人は救いを得ます。どういう恵みであるかというと「罪の赦し」、だれがそれを得られるかというと「あなたがた」、どのようにしてそれを得るかというと、神様のみことば、すなわち今「あなたがた」に伝えているそのみことばを信じることによってであると述べます。

【三九節】

「この方によって、信じる者はみな義と認められるのです。」ここでさらに詳しく、さらに明らかに救いの恵みが示されています。これまでの宗教によっては真に安心を得られず、神様の御前に義とされることができませんでした。ところが、いま「この方によって」、すなわち主イエスによって、すべての罪を赦され、完全な潔《きよ》さを得て神様の前に義人となることができるのです。

だれがこういう恵みを得るかというと、難行をする人でも、犠牲をささげる人でもなく、またユダヤ人やユダヤ教に改宗した者でもなく、「信じる者はみな」です。この三八〜三九節は実に意味深い箇所です。どうか祈りをもって、よく味わってください。けれどもパウロはただ恵みを宣べ伝えるだけでなく、四〇節で厳しくその人々に忠告もして戒めます。神様の言葉に聴き従わなければ、必ずさばきを受けなければならない、と。

【四〇節】

ここにいるあなたがたの上に「預言者たちの書に言われているようなことが起こらないように、気をつけなさい」と言われます。会衆がこんなさばきに遭うかもしれないと心配しているのです。

【四一節】

ですから神様は救いを与えようとなさいますが、罪人がそれを拒めば、当然自分の罪の結果を受けることになります。今は罪から救われることができます。けれどもそれを断れば、それまでに蒔いた罪の刈り取りをし、神様より滅びを受けなければなりません。

そのようにパウロは恵みをもって、恐れをもって、人々を呼び込もうとしました。私たちも両方を用いる必要があります。ある伝道者はただ愛と恵みだけを伝えます。けれども、それは神様の言葉の半分です。私たちは恵みと共に恐るべきさばきをも伝えなければなりません。神様の愛も、罪の恐ろしい結果も宣べ伝えなければなりません。

ここで、このパウロの外国伝道の説教を研究しました。神様はこれによって私たちにも福音を宣べ伝えることを教えようとしておられます。そのことを深く感じて、このように人々に神様の教えを宣べ伝えたいものです。

【四二節】

「二人が会堂を出るとき、人々は、次の安息日にも同じことについて話してくれるように頼んだ。」人々はパウロの語った福音を喜び、またその恵みの話を聞かせてくれと頼みました。ユダヤ人ばかりでなく、異邦人もそれを願いました。英語の訳を見ると、これは特に異邦人の願いであったことがわかります。パウロは説教の中で、この恵みは特に異邦人のためであると明らかに述べましたから、異邦人がその福音を喜んだのです。

【四三節】

「会堂の集会が終わってからも、多くのユダヤ人と神を敬う改宗者たちがパウロとバルナバについて来たので、二人は彼らと語り合い、神の恵みにとどまるように説得した。」　これは第二の集会のようでした。パウロたちはすでに公の説教を終え、いま一人ひとりに勧めて個人伝道をします。このときに特に何を勧めたかというと、「いつまでも神の恵みにとどまっているように」ということでした。神様の恵みによって救いを得たならば、同じ恵みをいつも受けて、その中で生涯を送るように勧めました。

【四四節】

「次の安息日には、ほぼ町中の人々が、主のことばを聞くために集まって来た。」

その町は大いに動かされました。聖霊は町中の人々の心を動かしてくださいました。私たちもどうかそんな働きを見たいものです。これはまさにリバイバルの始まりです。ところが、さっそく迫害と妨害が起こります。

【四五節】

「しかし、この群衆を見たユダヤ人たちはねたみに燃え、パウロが語ることに反対し、口汚くののしった。」〝使徒の働き〟に記される迫害は、たいていユダヤ人が起こしたものです。この章の五〇節を見ると、「ところが、ユダヤ人たちは……扇動して」迫害をした、とあります。一四章二節にも、「ところが、信じようとしないユダヤ人たちは、異邦人たちを扇動して」とあります。一四章五節でも、「異邦人とユダヤ人が」迫害しました。一四章一九節にも「ところが……ユダヤ人たちが……群衆を抱き込み」、パウロを石打ちにしました。

そのように、ユダヤ人がたびたび迫害を起こしました。神様を敬うはずの者が、神様の約束を信じて恵みに進もうとしないとき、かえってそれが伝道の妨げになります。そして最後は伝道を迫害するようにまでなります。こういう心の姿を恐れ、絶えず心の中で新しい恵みを慕って、新しく神様の約束を受けることを待ち望みたいものです。

このユダヤ人は詩篇五八篇三節以下のような者でした。「悪しき者どもは　母の胎を出たときから踏み迷い　偽りを言う者どもは　生まれたときからさまよっている。彼らには　蛇の毒のような毒がある。耳の聞こえないコブラのように　耳を閉ざし　蛇使いの声も聞こうとしない。巧みに呪文を唱える者の声も」（三～五節）。このユダヤ人は、そのように福音の声を聞かずに耳を閉ざしました。

また、ルカの福音書一二章一〇節のとおりにひどい罪を犯しました。「人の子を悪く言う者はだれでも赦されます。しかし、聖霊を冒瀆する者は赦されません。」今このユダヤ人は聖霊の働きを見ました。町中の人々が心を動かされているのを見ました。けれども聖霊を冒瀆して、その働きに逆らいました。

ですから四六節で、パウロたちは新たな決心をしました。この事態を見て、新しい方法で伝道します。これまでは第一にユダヤ人、次に異邦人に福音を説きました。けれどもこのことによって、異邦人に向かって永遠のいのちを宣べ伝えるようになります。


【四六節】


「神のことばは、まずあなたがたに語られなければなりませんでした。しかし、あなたがたはそれを拒んで、自分自身を永遠のいのちにふさわしくない者にしています。ですから、見なさい、私たちはこれから異邦人たちの方に向かいます。」

永遠のいのちを得ないのは、自分の不信仰のため、また自分でそれを拒むからです。

神様はすべての人にそれを宣べ伝えるようにお命じになりました。けれどもある人はこのユダヤ人のように、福音を聞いてもそれを拒み、自ら永遠のいのちを受ける者ではないと定めます。これは神のさばきではありません。自分の判断です。パウロたちはなぜこういう決心をしたのでしょうか。四七節に旧約聖書の言葉を引いて、それを述べます。

【四七節】

「わたしはあなたを異邦人の光とし、地の果てにまで救いをもたらす者とする。」

パウロたちは、旧約聖書の言葉によって神様の命令を受け入れます。主イエスは昇天する前に弟子たちに、「全世界に出て行き、すべての造られた者に福音を宣べ伝えなさい」（マルコ一六・一五）とお命じになりました。またそれだけでなく、この章の初めに聖霊もパウロとバルナバを聖別し、同じことをお命じになりました。けれども今パウロたちはその命令を引用せず、聖書に書いてある言葉を引用し、それを確かな信仰の土台としています。その言葉はイザヤ書四九章から引用したものです。「しかし私は言った。『私は無駄な骨折りをして、いたずらに空しく自分の力を使い果たした』」（四節）。主イエスはこのようにおっしゃいました。ユダヤ人が信じなかったので、空しく力を費やしたようなものでした。けれどもその六節には、こう記されています。「主は言われる。『あなたがわたしのしもべであるのは、ヤコブの諸部族を立たせ、イスラエルのうちの残されている者たちを帰らせるという、小さなことのためだけではない。わたしはあなたを国々の光とし、地の果てにまでわたしの救いをもたらす者とする。』」

これまでユダヤ人の伝道はあまり実を結びませんでした。ユダヤ人は神様の多くの恵みを拒みました。けれども神様は主イエスに異邦人の救いを委ねて、約束してくださいました。パウロたちはそれを引用して、これから異邦人に向かって伝道を始めると述べました。「主が私たちに、こう命じておられるからです」と。この命令は預言でした。けれども信じてそれを読んだときに、パウロは自分への命令として理解しました。自分の責任を感じ、この預言によって自分の働きを悟ることができました。神様はたびたびこうした聖書の預言をもって私たちの心のうちに命令をささやかれます。このようにしてパウロたちは、この時から主イエスの御旨に従って他国の民に福音を宣べ伝えるようになりました。

【四八節】

とはいえ、異邦人で福音を聞いた者がみな救いを得たわけではありません。「永遠のいのちにあずかるように定められていた人たちは」とあります。ここの意味は、永遠のいのちに自らをゆだねた者であるならば信じた、ということです。「定められていた人」とは、自身を定めた者ということです。そういう人が救いを得ました。ですから広くリバイバルが起こりました。

【四九節】

「こうして主のことばは、この地方全体に広まった。」町々村々家々に福音が説かれ、多くの人が聞いて、喜んで光を受け入れました。このリバイバルを見たユダヤ人は、それを喜んだでしょうか。異邦人がユダヤ人の神様を敬うようになったのを、ユダヤ人は喜んだでしょうか。異邦人が罪を捨てて義を行うようになったことを喜んだでしょうか。いいえ、かえって彼らは悪魔に導かれて神様の働きに反対します。

【五〇節】

この章の六節でパウロたちはサタンからの妨害を受けました。四五節ではユダヤ人から妨害を受けました。この五〇節においては、神を敬う貴婦人たちや町のおもだった人たちから妨害を受けました。

この迫害はきわめてひどいものでした。二十年後、パウロはその生涯の終わり近くにこのことを思い出し、そのことについてテモテに手紙を送りました。テモテへの手紙第二、三章一〇～一一節にこうあります。「しかしあなたは、私の教え、生き方、計画、信仰、寛容、愛、忍耐に、また、アンティオキア、イコニオン、リステラで私に降りかかった迫害や苦難に、よくついて来てくれました。私はそのような迫害に耐えました。そして、主はそのすべてから私を救い出してくださいました。キリスト・イエスにあって敬虔に生きようと願う者はみな、迫害を受けます。」テモテはおそらくこの迫害を見ていたのでしょう。この時に信じたばかりの者として見たのかもしれません。

【五一節】

「二人は彼らに対して足のちりを払い落として、イコニオンに行った。」二人は主の命令に従って、多くの人々の目の前でその町を捨てて、そこを出ました。他の人々の前で福音を拒んだ罪を示し、神様の恵みを拒んだので、その人々にはほとんど望みがないことを示そうとしました。二人はもう一度、ただ恵みだけでなく、さばきをも宣べ伝えます。

このときに、キリストがお言葉のように剣をこの町にお送りになりました（マタイ一〇・三四）。この町はその時まで平穏でしたが、福音が入ったために大きな騒ぎが起こりました。それゆえ一つの家族の者が分かれて互いに対立しました。それならばむしろ福音を宣べ伝えないほうがよいのではないかと言われるかもしれませんが、決してそうではありません。この町のこれまでの平穏は悪魔の平穏であり、死に至る平穏でした。ですから、ぜひともそれを打ち破らなければなりませんでした。ぜひとも主イエスの剣をもって行かなければなりませんでした。
真の伝道者は次のような心をもって行きます。第一に、世に属する平穏を乱して大胆に主イエスの剣を使います。伝道は容易なことではなく、戦いです。ですから大胆に他の人に対して主イエスの偉大な言葉を宣べ伝えなければなりません。相手は反対するかもしれません。怒って伝道者を迫害するかもしれません。けれども伝道者は戦う兵士ですから、ある面から言えば、相手の感情にとらわれずに、何としてもその人たちを救いに導かなければなりません。この迫害によって弟子たちは大きな恵みを得ることができました。

【五二節】

「弟子たちは喜びと聖霊に満たされていた。」あるときには弟子たちは祈り会で聖霊に満たされました。またあるときには説教を聞いて聖霊に満たされました。けれどもここでは、迫害のゆえに聖霊に満たされ、喜んだのです。おそらくそれによって主イエスが神の御子であることを新たに確信したのでしょう。四五節を見ると、「この群衆を見たユダヤ人たちはねたみに燃え」とあり、ユダヤ人も満たされたことがわかります。ただそれは悪魔によってでした。
〝使徒の働き〟では、迫害を受ける時に新しい恵みを受けることをたびたび見ます。

四章三一節でも、ひどい迫害の時に「彼らが祈り終えると、集まっていた場所が揺れ動き、一同は聖霊に満たされ、神のことばを大胆に語り出した」とあります。五章四一節には、「御名のために辱められるに値する者とされたことを喜びながら」と記されています。七章五五節は、「しかし、聖霊に満たされ、じっと天を見つめていたステパノは、神の栄光と神の右に立っておられるイエスを見て」と記しています。迫害の時に恵みを得たのです。一六章二五節には、苦しんでいる「真夜中ごろ、パウロとシラスは神に祈りつつ賛美の歌を歌っていた」とあります。ですから迫害の時はいつでも恵みの時でもありました。

私たちには迫害を恐れる理由はありません。迫害がやって来るならば、神様は必ずそれに応じてあふれるほどの恵みを与えてくださいます。私たちが神様を知ることを慕い、それを求めるならば、むしろ迫害を願うでしょう。ですから、伝道者は喜んで反対者とも出会います。私たちにそんな心があるかどうか、自分の心を判断したいものです。

第一四章

29　続く大きな戦い

【一節】

イコニオンは、ピシディアのアンティオキアから百四十キロ余り離れたところに位置します。当時まだ拓《ひら》けておらず、道がたいへん悪かったため、おそらくその道程に六日間ほどかかったと思われます。六日間この山路を歩いて、ほとんど休む所もありませんでした。この辺は山賊のいる所でしたから、非常に困難な旅行でした。けれどもパウロは福音のために喜んで、そこを旅して行きました。

「ユダヤ人の会堂に入って話をすると、ユダヤ人もギリシア人も大勢の人々が信じた」は、英訳聖書によると、「大勢の人たちが信じることができるように宣べ伝えた」と訳されています。もしもこのとき二人が聖霊の知恵を用いずに福音を宣べ伝えたなら、おそらく信じる者は起こらなかったでしょうが、聖霊の知恵とその巧みさをもって宣べ伝えたので、多くの人が信じたということです。

私たちがここから教えられるのは、福音さえ宣べ伝えれば、どんな言葉を用いても、どんなことを語ってもかまわないと思ってはならないということです。聖霊の知恵に従い、その巧みさをもって、相手の人の聞く力に応じた言葉で宣べ伝える必要があります。医者が病人を診察するときに、心の中でどのくらい心配りをするでしょうか。その人を治療して成功すれば、その人の生命を救うことができますから、気をつけて薬を処方し、いろいろの方法を尽くします。伝道者も同様に、何とかしてふさわしい言葉、ふさわしい招きの言葉を宣べ伝えることができるように絶えず心を用いなければなりません。罪人は死に近づいて行きますから、どうすればその人を救うことができるかということに心を用いなければなりません。

ですから私たち伝道者は、いつでも祈りをもって説教の準備をします。訪問に出かけるときにも、祈りをもって、その人にふさわしい聖霊の言葉や話すべきことが示されるよう求めなければなりません。伝道者の書一二章九～一一節に、「伝道者は知恵ある者であった。そのうえ、知識を民に教えた。彼は思索し、探究し、多くの箴言をまとめた。伝道者は適切なことばを探し求め、真理のことばをまっすぐに書き記した。知恵ある者たちのことばは突き棒のようなもの、それらが編集された書はよく打ち付けられた釘のようなもの。これらは一人の牧者によって与えられた」とあります。真の伝道はこのようにふさわしい知識と言葉を神に求めます。イザヤ書五〇章四節に、「神である主は、私に弟子の舌を与え、疲れた者をことばで励ますことを教え」と記されています。またそのために何をなしてくださるかというと、「朝ごとに私を呼び覚まし、私の耳を呼び覚まして、私が弟子として聞くようにされる」と続きます。ですから、人を救いに導きたい人は絶えずふさわしい言葉、ふさわしいたとえ、ふさわしい箴言を神に求めます。

【二節】

「ところが、信じようとしないユダヤ人たちは、異邦人たちを扇動して、兄弟たちに対して悪意を抱かせた。」このときに多くの人が信じましたが、もう一度ユダヤ人によって迫害が起こりました。

【三節】

「それでも、二人は長く滞在し、主によって大胆に語った。主は彼らの手によってしるしと不思議を行わせ、その恵みのことばを証しされた。」この節の英語聖書の訳を見ると、その迫害のために、彼らはそこに長くとどまり、大胆に福音を宣べ伝えた、となっています。迫害があっても、福音の門戸が開かれたと思ったので長くそこにとどまり、主に頼ってためらうことなく道を伝え、主も彼らと共に働いて助けてくださいました。
ちょうどマルコの福音書一六章二〇節にあるとおりです。「弟子たちは出て行って、いたるところで福音を宣べ伝えた。主は彼らとともに働き、みことばを、それに伴うしるしをもって、確かなものとされた。」これは幸いなことです。弟子たちが福音を宣べ伝えるときに、主は天から力を合わせてくださいます。ヘブル人への手紙二章四節に、「そのうえ神も、しるしと不思議と様々な力あるわざにより、また、みこころにしたがって聖霊が分け与えてくださる賜物によって、救いを証ししてくださいました」とあります。私たちも大胆に、迫害を恐れずに証しすれば、必ず神様はこのように一緒に証ししてくださいます。
ですからこの町の人々は、前に読んだように、この二人によって動かされました。

【四節】

「すると、町の人々は二派に分かれ、一方はユダヤ人の側に、もう一方は使徒たちの側についた。」一三章四四～四五節のような結果が、もう一度表れました。私たちもこういう力を得たいものです。子どもがおもちゃの銃でそのあたりを撃っていたら、近所の人はその音を聞いたとしても、おそらくなんとも思わないでしょう。けれども、もしどこかの軍隊が大砲の砲弾をこの町に撃ち込んできたらどうでしょう。町中の人はその音を聞いて狼狽《ろうばい》するでしょう。私たちのこれまでの伝道は、ちょうどその子どものおもちゃの銃のような伝道ではなかったでしょうか。パウロの伝道は大砲のような伝道でした。ここにあるように、真の伝道はその町中の人々を動かすはずです。それなのに私たちの伝道によって、ここの町のどれだけの人々が動かされたでしょうか。神様に祈って、このような伝道の力を求めたいものです。

二人は、このように大きな戦いをしました。一三章と一四章を見ると、大きな戦いが起こったことがわかります。彼らは真の戦いに出る心をもって行き、悪魔と罪に対して戦いました。神様に依り頼んで、どんな迫害があっても大胆に進んで伝道しました。私たちもこのように聖霊の火を得たいものです。

【五節】

ですからこの町は真に動かされて、だれもが福音を聞きましたが、福音を聞いた異邦人がすべてその恵みの知らせを受け入れたわけではありません。ユダヤ人が拒んだように、多くの異邦人も拒み、かえってその使者を殺そうと思いました。「二人を辱めて石打ちにしようと企てた」とあります。ですから一方では福音によって愛と喜びが起こりますが、一方では妬みと憎しみが起こってきます。この町の人々はそのために、この使徒たちを残酷に取り扱おうとしました。

【六〜七節】

「二人はそれを知って、リカオニアの町であるリステラとデルベ、およびその付近の地方に難を避け、そこで福音の宣教を続けた。」 もし人々が福音を受け入れなければ他の所に行って宣べ伝えよ、という主イエスの命令に従って、この人たちはリカオニアのほうへ行きました。この地方は少しも開けておらず、そこへ行くことは危険なことでした。けれども、二人はキリストの愛に励まされてそこに行き、命をかけて福音を伝えました。パウロとバルナバはこれまでも福音を伝えるために迫害されて苦しめられましたから、少し休んだほうがよいのではないかと思われますが、かえって二人は休むことができず、そこにおいても福音を宣べ伝えました。リステラ、デルベのような町だけでなく、その周囲の地に至るまでも福音を伝えました。町を出て村々を回り、家々をも訪ねて主イエスを伝えました。

テモテはこのあたりの信者でした。一六章一節を見ると、「それからパウロはデルべに、次いでリステラに行った」とあります。再びその地方に行ったわけです。「そこにテモテという弟子がいた」と記されています。もしかして、この時にテモテが悔い改めたのかもしれません。

二〇章四節を見ると、ほかにもこの時から忠実にパウロに従った信者が起こったことがわかります。「彼（パウロ）に同行していたのは、……デルベ人ガイオ、テモテ、アジア人のティキコとトロフィモであった。」ガイオはこのデルベの人でしたから、おそらくこの時の伝道によって救われたのではないかと思われます。

【八～九節】

この一四章にはイコニオン、リステラ、デルベの伝道が書いてありますが、八節以下の段落においては、リステラにおいて主の力ある御業が起こったことが書かれています。

九節の「耳を傾けていた」という言葉の原語を見ると、集会ごとにたびたび来てパウロの説教を聞いていたことを表していることがわかります。

「パウロは彼をじっと見つめ……。」パウロの目の力がもう一度記されています。その人の顔色によって、その人の心がいくらかわかりました。そしてまた癒されるべき信仰があることも見ました。おそらくパウロは癒しについては説教していませんが、主イエスがそんなに力のある救い主ならば、この私の身体も癒すことができると、この人は思ったのでしょう。たびたびこういうことがあります。今まで神様を知らなかった人でも、救い主のことを聞いて、心の中にこんな考え、こんな信仰が起こることがあります。そのときに伝道者の心の中に信仰があれば、神様はその祈りによってその人を癒してくださいます。その人がまだ洗礼を受けていなくても、福音の知識が浅かったとしても、その人の信仰にしたがって身体の癒しさえも与えてくださいます。

【一〇節】

ですからパウロは、他の人に聞こえないような静かな声ではなく、大声で「立ちなさい」と命じました。これは信仰の命令です。パウロは悪魔の力を打ち破ることができるという信仰を持っていましたから、この人を悪魔の手から救うことができると思いました。また主イエスに対する信仰がありましたから、いま主イエスのみことばに従って、このように信仰の命令を与えました。

この足の不自由な人はすぐに豊かないのちと力を得たので、このときに躍ることができました。喜びのあまり飛び上がって歩きました。原語を見ると、「飛び上がって」は一度のことで、その瞬間から力をもって疲れずに歩くことができるようになったのです。飛び上がったことは一度の信仰の働きで、歩むことはそれから引き続いての信仰の働きです。神様の救いは、今まで決してできなかったことをも可能にします。

私たち伝道者は罪人に対して、いつでもこういう信仰をもっているべきです。罪人は罪のために弱いのです。義《ただ》しい歩みをすることも、人を助けることもできません。

けれども救われれば、今までできなかったことが可能になります。生まれつき足の不自由な人は躍ることができ、また静かに歩むこともできるようになりました。

【一一～一二節】

福音を聞き、その力に驚いた人々が伝道者をこのように敬うのは、普通のことです。一〇章二五節にも同じようなことを見ます。「ペテロが着くと、コルネリウスは迎えに出て、足もとにひれ伏して拝んだ。」しかしこのときペテロはこれをきっぱりと断りました。ヨハネの黙示録二二章八節にも同じことがあります。「これらのことを聞き、また見たのは、私ヨハネである。私は、聞いたり見たりした後に、これらのことを示してくれた御使いの足もとにひれ伏して、礼拝しようとした。」けれども主の使いはそれを拒んで、むしろヨハネを戒めました。

私たちの心の中に肉に属する考えがあれば、こういう尊敬を喜んで受け入れてしまいます。これがたびたび伝道者が倒れる原因となります。聖霊の力をもって愛の福音を宣べ伝えれば、人々がこれを尊び敬うのは自然なことですが、もしもそのときに神様に栄光を帰せず、自分がその尊敬を受け入れれば、それはちょうど一二章二二～二三節にあったことと同じです。これは恐ろしい罪です。「集まった会衆は、『神の声だ。人間の声ではない』と叫び続けた。すると、即座に主の使いがヘロデを打った。ヘロデが神に栄光を帰さなかったからである。彼は虫に食われて、息が絶えた。」私たちはこの恐ろしい罪から逃れるために、説教をした後、特に伝道に成功したならば、すぐに自分の密室に帰って、静かにもう一度神を求めなければなりません。伝道に出かけるときにも祈らなければなりませんが、伝道から帰ったときにも再び神様の声を求めるのです。聖霊に満たされた伝道者はこうした崇拝、こんな尊敬をきっぱりと断ります。周囲にある人々の愛と尊敬がこのようになったとき、その人々に必ず忠告します。

【一三～一四節】

一一節を見ると、人々はリカオニア語で話しましたから、そのことが二人にはわからなかったようです。ゼウス神殿の祭司が準備していたことも彼らは知りませんでした。けれども、今その訳《わけ》を聞いたので飛んで行きました。これは決して喜ぶべきことでなく、大いに悲しむべきことであると思い、悲しみのしるしとして衣を裂いて走って出ました。こういうことは神様の御名を汚す恐ろしい罪ですから、衣を裂いて、叫んだのです。

【一五節】

「私たちもあなたがたと同じ人間です。」一〇章においてペテロは同じことを言い、主の使いもヨハネの黙示録二二章において同じことを言って、それを拒みました。肉に属する考えを持っている人ならば、こういうことを受け入れ、それによって人々を導こうなどと思うでしょうが、パウロは自分のために少しも栄光を願わず、ただ神様のみに栄光を帰そうとします。また、この人々が救われることを願うので、今このときに説教しました。少しも神様の言葉を知らず、ただ偶像を敬っている人々に対して、熱心に神様のことについて説教します。

この説教の題は、「活ける神」です。パウロはふだんは救いを宣べ伝えますが、このときには救いではなく、活ける神について説教しました。これは時に応じた説教でした。私たちもあるときには、活ける神について特別に力を入れて説かなければならないことがあります。

この説教に三つの項目があります。

第一は神様の力です。「天と地と海、またそれらの中のすべてのものを造られた」ことを説きました。国々にいろいろな神があるのではなく、天地万物を造られた神様がすべてのものを支配しておられることを述べました。

【一六節】

第二は神様の寛容です。神様はこれまでの罪をご覧になりましたが、寛容をもって罪人を取り扱われました。何とかして罪人を幸いに導こうと思って、長く忍んでおられました。「神は、過ぎ去った時代には、あらゆる国の人々がそれぞれ自分の道を歩むままにしておられました。」

【一七節】

第三は神様の恵みです。「それでも、ご自分を証ししないでおられたのではありません。あなたがたに天からの雨と実りの季節を与え、食物と喜びであなたがたの心を満たすなど、恵みを施しておられたのです。」目に見える恵みのしるしは食物や天気です。神様はこういうものを与えてくださいました。何のためかというと、人を愛しておられるからで、人に恵みを表すために、これらを与えてくださいました。収穫の時などは、特に神様の恵みを知るべき時です。

パウロはこの三つのことについて説教し、「神様に立ち返れ」と悔い改めを勧めました（一五節後半）。神様の力と恵みと寛容は、罪人を神に立ち返らせるためです。

パウロは、このように恵みをもって、神様を知らない人々に神様の道を宣べ伝えました。このとき、その罪については特に述べませんでした。後に信者に対して、別の面から同じことをパウロは書いたことがあります。そのときには罪を示しました。ローマ人への手紙一章二〇節を見てください。「神の、目に見えない性質、すなわち神の永遠の力と神性は、世界が創造されたときから被造物を通して知られ、はっきりと認められるので、彼らに弁解の余地はありません。」他の啓示がなくても、被造物によって神様の力と恵みを知るはずだというのです。「彼らに弁解の余地はありません。」リステラの人々も申し開きができません。「彼らは神を知っていながら、神として崇めず、感謝もせず、かえってその思いはむなしくなり、その鈍い心は暗くなったのです。」リステラにいる人々も神をこのようにして知ることを拒み、またそのためにその鈍い心は暗くなりました。「彼らは、自分たちは知者であると主張しながら愚かになり、朽ちない神の栄光を、朽ちる人間や、鳥、獣、這うものに似たかたちと替えてしまいました」（以上、ローマ一・二〇〜二三）。これはこの人たちの真の姿でした。けれども彼らにはこのことよりも、まず神様の恵みを宣べ伝えました。後に悔い改めてからそれまでの罪のひどい様子を示します。けれども今このときには、人々の心を引きつけるために、まず神様の恵みを宣べ伝えます。

【一八〜一九節】

パウロは旧約聖書に表れている主を宣べ伝え、偶像を敬っている人々には偶像を捨ててこの活ける主を敬うべきであると説教しました。これを、神を敬うユダヤ人は喜ばなければならないのですが、多くのユダヤ人があちらこちらから来てパウロに反対し、彼を殺そうとしました。

「ところが、アンティオキアとイコニオンからユダヤ人たちがやって来て、群衆を抱き込み、パウロを石打ちにした。」　石で打たれるのはひどいことで、こうされれば当然死ぬはずです。パウロは生涯の中で一度、石で打たれました。コリント人への手紙第二、一一章二五節でそのことを言っています。石で打たれることは最も残酷な仕打ちで、パウロはこのリステラで石で打たれたことをいつまでも覚えていました。

私たちは蒔いた種を必ず刈り取らなければなりません。パウロは先に、ステパノが石で打たれることに賛成しました。神様はその罪をお赦しになりましたが、今パウロは自分が以前に蒔いた種を刈り取って、自分も石で打たれることになりました。

けれども神様はこのときに確実な恵みを与えてくださいました。前にも述べたように、迫害は特別な恵みの時でもあります。神様は、石で打たれている愛するしもべに特別な恵みを与えてくださいました。コリント人への手紙第二、一二章二節以下に書いてある、第三の天に携え上げられたパウロの経験は、おそらくこの時のことでしょう。石で打たれてほとんど死んだ様子でいたときに、天が開かれて神様の前に出ました。「私はキリストにある一人の人を知っています。この人は十四年前に、第三の点にまで引き上げられました。肉体のままであったのか、私は知りません。肉体を離れてであったのか、それも知りません。神がご存じです。」

このときパウロが死んだのか、あるいは死んでいなかったのか、だれも知りません。ある人は、〝使徒の働き〟一四章について、この時にパウロはいったん死んだのだが、後によみがえったと言います。パウロはそのようなことを自分は知らないと述べています。「私はこのような人を知っています。……彼はパラダイスに引き上げられて、言い表すこともできない、人間が語ることを許されていないことばを聞きました」(Ⅱコリント一二・二～四)。おそらくパウロはそのとき死人となってこんな恵みを経験したのでしょう。いずれにしても、新たに神様の栄光を見ることができました。ステパノのように石で打たれ、ステパノのように神様の栄光を見ました。私たち、神様のしもべは、身体の苦しみを恐れるべきではありません。

ですから八節からここまでを見ると、悪魔は二つの方法をもって働きを妨げようとしたことがわかります。第一に、伝道者を高く上げることによって妨げようとしました。けれどもパウロはきっぱりとそれを拒んで、誘惑に勝利を得ました。それで悪魔は第二に、神様のしもべを苦しめることでその働きを妨げようとしました。そのために神様のしもべを殺しもします。

この二つのことは、どちらも危険なことです。私たちは今日、特にこの第一の方法によって試みられます。今の時代、悪魔は神様のしもべを殺そうとはあまりしないようです。むしろ伝道者を高く上げることによって陥れようとします。ですから、このことを常に覚え、人間の誉れを恐れて、悪魔の誘惑に勝利したいものです。

このときに人々は、パウロが「死んだものと思って、町の外に引きずり出し」ました。卑しい死体ですから、死んだ犬のように町の外に追い払いました。弟子たちもパウロが死んだと思い、愛する使徒の死体を葬るためにやって来て、周囲に立ちました。そのときには、涙を流しながらパウロに感謝したかもしれません。ところが、弟子たちが周りに立っているときに驚くべきことが起こりました。

【二〇節】

「しかし、弟子たちがパウロを囲んでいると、彼は立ち上がって町に入って行った。」パウロが立ち上がったのです。死んで町の外に引きずり出されたパウロが目を覚まして立ち上がりました。弟子たちは非常に喜びました。喜びの中で神様を賛美し、みな一緒に声をあげて感謝したことでしょう。これは神の奇跡でした。もしこのときにパウロが本当に死んでいたのであれば、これは言うまでもなく大きな奇跡です。死んでいなかったとしても、このように起き上がって自分で町まで歩くことができたということは、これも奇跡に違いありません。

「そして翌日、バルナバとともにデルベに向かった。」その翌日の朝、四十キロもの道を自ら歩いて旅をしたとのことですが、これも奇跡ではありませんか。

【二一〜二二節】

パウロは命をかけて熱心に福音を宣べ伝え、新たに神様の栄光を見たので、さらにいっそう力と熱心さをもって福音を宣べ伝え、「多くの人を弟子とし」ました。

そしてリステラに帰りました。先にそこで迫害を受け、殺されそうになりましたが、それゆえにさらにいっそう重荷を負い、そこで迫害の中にいる愛する信者たちに会いたかったので、もう一度、命をかけてその地に帰って来ました。またイコニオン、アンティオキアにも行きました。先にこの三か所で迫害を受け、殺されそうになりましたが、大胆にそこに帰って弟子たちの信仰を堅くしたのです。

【二三節】

「また、彼らのために教会ごとに長老たちを選び、断食して祈った後、彼らをその信じている主にゆだねた。」この「選び」という語は、原語では教会の選挙で選ばれることを表します。このときにもう一度断食し、時を費やして祈りました。もう一度祈りをもって聖霊が降ることを願いました。決まった伝道者をそこに置くことはできませんが、主がそこの羊を養ってくださることを信じて、「主にゆだね」ました。

【二四～二六節】

「二人はピシディアを通ってパンフィリアに着き、ペルゲでみことばを語ってからアタリアに下り、そこから船出してアンティオキアに帰った。そこは、二人が今回成し終えた働きのために、神の恵みにゆだねられて送り出された所であった。」ここでパウロの第一次伝道旅行が終わります。これはおそらく五年間の旅行でした。いま一三章二～三節において命じられた働きを終えたので、満足をもって帰ることができました。

私たちも命じられた働きを終えたという満足を得るまで、耐え忍んで伝道者の業をなしたいものです。けれども、すでに命じられた働きを終えたという確信があるならば、静かに神様の前に待ち望んで、新たな働きを求めてください。

エゼキエル書一章一四節を見てください。「それらの生きものは、閃光のように走って出たり入ったりしていた。」この生きものとは聖霊に満たされた働き人を指します。それが閃光のように神様の命令を成就して、閃光のように神様に帰ります。今この二人はそのように帰ることができました。

【二七～二八節】

「そこに着くと、彼らは教会の人々を集め、神が自分たちとともに行われたすべてのことと、異邦人に信仰の門を開いてくださったことを報告した。」　神様の誉れのためにこれまでの伝道を報告し、信仰の門戸が開かれたこと、神様が喜んで異邦人を救ってくださったこと、どこでも異邦人を導いてくださったことを、アンティオキアにいる信者たちに話しました。

第一五章

30　大いなる決議

【一節】

一五章は、教会の歴史の中で最も重要な一つの章です。

「さて、ある人々がユダヤから下って来て、兄弟たちに『モーセの慣習にしたがって割礼を受けなければ、あなたがたは救われない』と教えていた。」これは、単に昔起こった問題であるだけでなく、今でもたびたび起こってくる問題です。この章で決められた事柄を、教会と信者はいまだ真に学んではいません。

神様は先に一〇章でペテロに幻を与えて、この問題に明らかな答えをお与えになりました。けれども教会はそれを受け入れず、今一度これについて論じました。神様は聖書によって私たちに明確な教えを与えてくださいましたが、それでもなおたびたびこの問題が出てきました。

その問題とは、純粋な福音を宣べ伝えるべきかどうかということです。神様の恵みを伝え、罪人は代価なしに儀式を行わなくても神様に近づいて永遠のいのちを得られるか、あるいはこういう福音にいくらか儀式を加えるべきかということです。また特権階級を設けて、ただその階級に属する者だけが完全な救いを得られるのかという問題でもあります。パウロは後に同じ問題について、ガラテヤの教会に書き送っています。

【二節】

「彼らの間に激しい対立と論争が生じたので……。」何を論じたかは、ガラテヤ人への手紙を見ればわかります。これは何よりも大切な問題でした。私たちが神様の戦いに出るのであれば、一番良い武具を持って行かなければなりません。神様はそのために私たちに、純粋な鉄でこしらえた刀を与えてくださいます。そして、私たちがそれに他のものを混ぜてしまって刀を鈍くすることのないようにと望んでおられます。

ガラテヤ人への手紙一章六～七節にこうあります。「私は驚いています。あなたがたが、キリストの恵みによって自分たちを召してくださった方から、このように急に離れて、ほかの福音に移って行くことに。ほかの福音といっても、もう一つ別に福音があるわけではありません。あなたがたを動揺させて、キリストの福音を変えてしまおうとする者たちがいるだけです。」 ガラテヤ人は儀式を重んじて、ほかの福音に移りましたが、それは福音、喜びの知らせではありません。福音、喜びの知らせとは、神様が代価なしにご自分の恵みのゆえに罪人を救ってくださったことです。

この福音を受け入れるならば、真の自由を得ます。ガラテヤ人への手紙五章一節に、「キリストは、自由を得させるために私たちを解放してくださいました。ですから、あなたがたは堅く立って、再び奴隷のくびきを負わされないようにしなさい」とあります。儀式的な考えで古いものに従えば、奴隷のくびきに入ってしまいます。「よく聞いてください。私パウロがあなたがたに言います。もしあなたがたが割礼を受けるなら、キリストはあなたがたに、何の益ももたらさないことになります。」 このことによってキリストの救いの力をまったく無駄にしてしまいます。「割礼を受けるすべての人に、もう一度はっきり言っておきます。そういう人には律法全体を行う義務があります。律法によって義と認められようとしているなら、あなたがたはキリストから離れ、恵みから落ちてしまったのです」(ガラテヤ五・一〜四)。こういう人は恵みに依り頼まず、自分の手の行いと自分の力に依り頼んで救いを求めます。

その当時のある人々は、割礼は神様がお命じになったことなので、神様を敬い、神様を信じる者は必ずこれを受けなければならないと主張しました。そしてこの考えを打ち消すことは容易ではありませんでした。パウロはこのような考えに反対しましたが、相手はそれに満足せず、その結果、エルサレムに行くことになりました。

パウロがこのことについて何と言ったかについては、ガラテヤ人への手紙三章三節を見てください。「あなたがたはそんなにも愚かなのですか。御霊によって始まったあなたがたが、今、肉によって完成されるというのですか。」 割礼を行うことは、このように信仰の道を離れ、肉によって全うしようとすることなのです。同二四～二五節にはこうあります。「こうして、律法は私たちをキリストに導く養育係となりました。それは、私たちが信仰によって義と認められるためです。しかし、信仰が現れたので、私たちはもはや養育係の下にはいません。」 神様が立ててくださった儀式は養育係のようなもので、私たちにキリストを示し、信仰の道を教えるためのものでした。けれども今すでに信仰の道を発見したので、養育係の助けは必要ではありません。四章三節から続けて読みましょう。「同じように私たちも、子どもであったときには、この世のもろもろの霊の下に奴隷となっていました。しかし時が満ちて、神はご自分の御子を、女から生まれた者、律法の下にある者として遣わされました。それは、律法の下にある者を贖い出すためであり、私たちが子としての身分を受けるためでした」（三～五節）。今すでにこのように子となることができたので、儀式の助けを求めなくても、キリストが与えてくださった自由を経験するはずです。

今でも罪人は神様の救いを得るためにいろいろな儀式を行おうとし、クリスチャンもその信仰にさまざまな儀式を加えようとします。私たちは、神様の救いを得るためにも、恵みを受けるためにも、唯一のこと、すなわち信仰のみが必要であることを、十分に覚えたいものです。ユダの手紙三節の終わりに、「聖徒にひとたび伝えられた信仰のために戦うよう、あなたがたに勧める手紙を書く必要が生じました」とあるように、この問題は罪人が救われることと関係があり、きわめて大切ですから、そのために力を尽くして戦わなければなりません。

「そのほかの何人か」とありますので、このときアンティオキアの信者も一緒に行ったようです。テトスもその中の一人でした。ガラテヤ人への手紙二章一～二節を見ると、「それから十四年たって、私はバルナバと一緒に、テトスも連れて、再びエルサレムに上りました。私は啓示によって上ったのです」とあります。この「啓示」とは英語では‘revelation’で、神様の明確な導きに従ったということです。〝使徒の働き〟を見れば、教会の信者がそれを勧めたことがわかります。「それで、パウロやバルナバと彼らの間に激しい対立と論争が生じたので、パウロとバルナバと、そのほかの何人かが、……エルサレムに上ることになった」とあります（文語訳では「兄弟たちは……上らせ」)。しかしパウロは信者たちの勧めのためだけでなく、神様の導きをもいただいてエルサレムに上りました。もしも明確な導きがなかったならば、肝心の伝道を捨ててエルサレムに行くようなことはしなかったと思います。ガラテヤ人への手紙二章二節を見ると、エルサレムに着いたときにまず第一に、「おもだった人たちには個人的に」示して相談しました。第一にひそかに、次に公に全会衆の前で、論じました。

【三節】

「こうして彼らは教会の人々に送り出され、フェニキアとサマリアを通って行った。」教会の人々に送られて出たのですから、そこの教会の信者たちはパウロと同様の考えをもっていたことがわかります。

一行はこの旅のとき、毎晩クリスチャンの家に泊まることができたでしょう。この時期、すでにこの地域には福音が宣べ伝えられていたので、それが可能だったのだと思います。着いた所で毎晩すばらしい集会を開き、その地の信者たちと楽しく交わって、神様がなしてくださった御業を述べて、「すべての兄弟たちに大きな喜びをもたらし」ました。そのためにどこにおいてもその地方の信者が励まされて恵みを得たでしょう。

「すべての兄弟たちに大きな喜びをもたらした。」 八章八節において、サマリアの信者たちに大きな喜びが起こりました。これは初めて福音を聞いて救いを得た時のことでしたが、今もう一度その地域の信者たちが大きな喜びを得ました。今度は伝道の成功を聞いて、救われた者に共感を表すことで新たに大きな喜びを得たのです。

クリスチャンはこのように、自分が救われたことで大いに喜び、また他の人が救われたことも大いに喜びます。ちょうどルカの福音書一五章五節あるいは一〇節のようです。「見つけたら、喜んで羊を肩に担ぎ」、「あなたがたに言います。それと同じように、一人の罪人が悔い改めるなら、神の御使いたちの前には喜びがあるのです」。

【四節】

「エルサレムに着くと、彼らは教会の人々と使徒たちと長老たちに迎えられた。」

この「迎えられた」は、原語では心から歓迎されたことを示す言葉です。ですから、パウロとエルサレムの教会の人々との交わりが、この問題のために途切れるようなことはありませんでした。エルサレムの教会の使徒や長老たちは、いま愛をもってパウロとバルナバを歓迎しました。

「それで、神が彼らとともにいて行われたことをすべて報告した。」 パウロはここでもう一度、伝道の成功や救われた人々のことをエルサレムの信者に話しました。それによって、そこの信者の信仰は励まされたことでしょう。

【五節】

「ところが、パリサイ派の者で信者になった人たちが立ち上がり、『異邦人にも割礼を受けさせ、モーセの律法を守るように命じるべきである』と言った。」パウロに反対した人々も真の信者でした。新生した者でした。主イエスに依り頼んで救いを得た者でした。けれども、心の中に悪い分子が残っていました。悪いといっても、それは昔の宗教に関するものでした。けれども、福音に反するパン種が信者の心の中に残っていれば、その信者は教会の害となり、教会の中の争いの原因となります。

私たちが人々を救いに導くときに、純粋な福音を教えておくことは大切なことであり、初めから信仰の道によって救われること、自分を捨て、儀式の効能に依り頼まずに、ただ主イエスご自身に依り頼むことによって救われることを、力を入れて教えなければなりません。信者になった者でもこの信仰の道が十分にわからなければ、場合によっては後に教会の害となることもあります。実際、今日の教会の中に、クリスチャンの中にさえも、自由の恵みの道を知らない者が多くいます。こういう人は決して力ある信者ではありません。罪人のために重荷を負う信者ではありません。決して教会のためになりません。

神様は、幸いにもパリサイ人の中の最も熱心な者を救い、その人を立たせて、このときにこの問題について論を戦わせました。パリサイ人に反対させるために、パリサイ人をお立たせになりました。

【六節】

ここではただ「使徒たちと長老たち」だけが集まったと書いてあります。けれども後の集会は、ただ彼らだけの集会ではなく、二二章にあるように、信者全体も集まってこのことについて論じたようです。

【七節】

ここからはエルサレムの使徒ペテロの論です。ペテロはパウロの福音と同じ福音を宣べ伝え、パウロの意見に賛同を表します。ペテロは、コルネリウスの家で行われた神様の恵みについて論じます。「兄弟たち。ご存じのとおり、神は以前にあなたがたの中から私をお選びになり、異邦人が私の口から福音のことばを聞いて信じるようにされました。」儀式を行うことなしに、律法に従っていない罪人が救われたのを見たので、罪人は儀式を行わなくても、ただ信仰によって救われると語ったのです。

【八〜九節】

割礼を受けず、モーセの律法に従っていない異邦人にも、自分たちが受けた恵みと同じ恵みを神様が与えてくださったことを、ペテロは証ししました。これは神様ご自身の働きです。ペテロは、これが神様の働きであることを述べました。神様が自分を選び（七節）、聖霊を与え（八節）、差別をつけず（九節）、心を潔《きよ》めてくださった（九節）、これがペテロの論です。神様がこれをなし、そのようにして罪人を救ってくださいました。

【一〇節】

「そうであるなら、なぜ今あなたがたは、私たちの先祖たちも私たちも負いきれなかったくびきを、あの弟子たちの首に掛けて、神を試みるのですか。」これは恐ろしい罪です。神様を試みるのですから、大きな罪です。パリサイ人は、割礼を命じることは神様を喜ばせることであると思っていましたが、ペテロはそれはかえって神様を試みることで、神様の前に罪を犯すことであると述べました。

【一一節】

コルネリウスの家に集まっていた人々は、完全な救いを得ました。また今、パウロが導いた罪人も完全な救いを得ました。ただ主イエス・キリストの恵みによって、信仰によって、それを得ました。そのように、割礼を受けた者も、そんな儀式や特権に頼らなくても、ちょうどこの異邦人のように主イエス・キリストによって救われることができると述べました。このように大きな特権と大きな光を得たペテロも、その儀式に依り頼まずに、ただイエス・キリストの恵みによって救われることを経験しました。ちょうどピリピ人への手紙三章七節のようです。「しかし私は、自分にとって得であったこのようなすべてのものを、キリストのゆえに損と思うようになりました。」

これまでのペテロの話によって、コルネリウスの家で救いを得た者がどういう恵みにあずかったかを見てください。人々はそのときに異言を語ることができ、大きな喜びを得ました。けれどもペテロは特にそんなことは言いませんでした。信仰によって、その心が潔められたことを述べました(九節)。これは明らかなしるしで、また恵みの中の最も大切なものですから、このことを言って証拠としたのです。

九節の前半に、「私たちと彼らの間に何の差別もつけず」とあります。だれでも区別なしに聖霊の感化と潔めの恵みを受けることができると書いてあります。ローマ人への手紙三章二二節および一〇章一二節を見ると、罪人は同じように区別なく神様の救いを受けることができると書いてあります。「イエス・キリストを信じることによって、信じるすべての人に与えられる神の義です。そこに差別はありません。」「ユダヤ人とギリシア人の区別はありません。同じ主がすべての人の主であり、ご自分を呼び求めるすべての人に豊かに恵みをお与えになるからです。」ですから、特権がある人もない人も、同じように救いと潔めを得ることができるのです。
これがペテロの話でした。次にパウロとバルナバの話が書いてあります。

【一二節】

「すると、全会衆は静かになった。そして、バルナバとパウロが、神が彼らを通して異邦人の間で行われたしるしと不思議について話すのに、耳を傾けた。」パウロは今までの伝道のことを語って、神様の恵みを宣べ伝えて罪人が救われたことを証しました。これによって神様は儀式を願わず、ただ信仰のみを願っておられることを知ることができます。

主イエスはパリサイのパン種を戒められました。いつの時代においても、ただ主イエスの恵みに依り頼んで救われたと確信するのは難しいことで、パリサイのパン種を受け入れやすいのです。私たちはそれぞれ自分の心を探り、パリサイのパン種があるかどうか深く省みなければなりません。そしてただ神様の恵みに依り頼んで、代価も功績もなしに救われたことを心の中に堅く信じたいものです。

【一三節】

ペテロ、バルナバとパウロに続いて、三番目にヤコブが語ります。第一に七節からペテロの話、第二に一二節でバルナバとパウロ、第三にヤコブが論じます。ヤコブの論はさらに大切です。
この話によって神様の順序を知ることができます。恵みの時代について神様の働きの順序がわかります。ここは新約聖書中、このことについて最も明らかな箇所です。ですから気をつけて研究したいところです。
今このときの問題は儀式に関することでしたが、ヤコブは神様の時代について話しました。私たちは神様の時代について知らなければ、神様がどのようにお働きになるかを知ることができません。ヤコブが神様の時代について論じた訳《わけ》は、もはや儀式の時代が終わり、神様は今や新しい福音の時代を始めてくださったので、儀式はもう大切ではなく、むしろ罪人はただ信仰によって救われるということを示すためでした。

【一四節】

これは今の時代のことです。旧約時代において異邦人が救われるには、まず割礼を受けて、いったんユダヤ人とならなければなりませんでした。けれども神様は今、別の時代を始めてくださり、他の方法で異邦人をお救いになります。ペテロはそれを証ししました。神様はコルネリウスの家に不思議な御業を行い、そうした時代を始めたことをお示しになりました。ですから今は福音の時代です。神様が異邦人にもただ信仰によって恵みを与えてくださる時代です。

けれどもその後に、もう一つ別の時代があります。それは、ユダヤ人が悔い改めて、もう一度恵みと繁栄を受ける時代です。

【一五〜一六節】

これは第二の時代です。神様はもう一度ユダヤ人を恵み、ユダヤ人に光を与え、ユダヤ人を全世界の国々の長とならせてくださいます。

【一七節】

これはその次に起こる第三の時代です。その時には全世界の大リバイバルが起こります。その時にはすべての異邦人が神様を知り、神様を敬います。

ですからヤコブはこのとき、当時からこの世の終わりに至るまでの三つの時代について述べました。第一は異邦人の中から救われる者が起こる時、第二はユダヤ人が恵みを受ける時、第三はすべての異邦人が神を敬う時です。いま私たちはヤコブと同じように、この第一の時代に暮らしています。

【一八節】

神様は初めから、このようにただ恵みをもって異邦人を救うことを企てておられました。これはただ、ペテロの伝道の方法、あるいはパウロの伝道のやり方ではありません。神様ご自身が初めからこのことを定めておられたのです。時のしるしを悟って、神様の働き方を知ることが私たちには肝心です。

【一九節】

神様がこのように働いておられるので、救われた異邦人に割礼や他の儀式を命じないほうがよい、とヤコブは述べました。「ですから、私の判断では、異邦人の間で神に立ち返る者たちを悩ませてはいけません」と。

【二〇〜二一節】

けれども周囲にいるユダヤ人のために、彼らの心を傷つけないために、四つのことをヤコブは戒めました。「ただ、偶像に供えて汚れたものと、淫らな行いと、絞め殺したものと、血とを避けるように」ということです。ローマ人への手紙一四章二一節を見てください。「肉を食べず、ぶどう酒を飲まず、あなたの兄弟がつまずくようなことをしないのは良いことです。」そのために、このことを戒めます。この四つのことの中には淫行のような恐ろしい罪もありますが、他の三つは特に罪と言うことはできません。私たちは今、このようなことについては主イエスによって自由を与えられました。けれどもその時の異邦人の習慣と行為とを思って、このときこんなことはしないほうがよいと新しい信者に戒めました。

コリント人への手紙第一、一〇章二七節を見ると、「あなたがたが、信仰のないだれかに招待されて、そこに行きたいと思うときには、自分の前に出される物はどれも、良心の問題を問うことをせずに食べなさい」と記されています。ですからこのときにパウロは信者にこれを戒めず、かえって自由をもって何でも食べるように勧めました。私たちは今、そういう自由を得ています。けれども、もしもそれが他の兄弟姉妹の良心に背くのなら、それはやめるほうが良いのです。

【二二節】

「そこで、使徒たちと長老たちは、全教会とともに、自分たちの中から人を選んで、パウロとバルナバと一緒にアンティオキアに送ることに決めた。選ばれたのはバルサバと呼ばれるユダとシラスで、兄弟たちの間で指導的な人であった。」「全教会とともに」とありますから、みな心を合わせ、声を合わせて、これを決めたのです。

【二三〜二六節】

エルサレムにいる使徒たちおよび信者たちは、心からバルナバとパウロに同意していることを示しました。また、それによってパウロとバルナバは神様の御旨を述べ、純粋な福音を宣べ伝える者であることを表しました。「愛するバルナバおよびパウロ」（二五節）と言い、「私たちの主イエス・キリストの御名のために、いのちを献げている、バルナバとパウロと一緒にです」と称賛しました。

働き人は、第一にそうした犠牲の心をもっていなければなりませんでした。このように愛に励まされて、生命をも惜しまないのであれば、その人は信用すべき神の人です。

【二七節】

「こういうわけで、私たちはユダとシラスを遣わします。彼らは口頭で同じことを伝えるでしょう。」これは全会一致の決議でした。ですからこの手紙を受け取った人々は、これによって聖霊の御旨を知り、聖霊が共に働いてくださったと堅く信じることができました。これはただ一個人一個人の確信ではなく、全会衆の確信でした。聖霊は全会衆の中におられ、全会衆に御旨を悟らせ、全会衆に確信を与えてくださいました。こういう教会を今でも見たいものです。この教会のように、聖霊が、信じたばかりの人たちに至るまで、信仰の弱い者に至るまで、全会衆、すべての者を照らし、全会衆を一つにならせ、全会衆に慰めを与えてくださるように願います。

【二八〜二九節】

「聖霊と私たちは、次の必要なことのほかには、あなたがたに、それ以上のどんな重荷も負わせないことを決めました。すなわち、偶像に供えたものと、血と、絞め殺したものと、淫らな行いを避けることです。これらを避けていれば、それで結構です。

祝福を祈ります。」 私たちも深くこのことを学びたいものです。エルサレムの教会が新しい教会にモーセの儀式を命じなかったように、私たちも幼子のような他の教会に、自分たちの風習や習慣、あるいは自分たちの教会組織を負わせないように注意しなければなりません。これを負わせることは、かえって神様の御旨に反することです。私たちが自分の風習に従うことはそれはそれで良いかもしれませんが、他の信者、特に信じたばかりの人が私たちを真似て、私たちの風習に従わなければならないと思うのは大きな間違いです。けれども今日の教会でこういうことが普通に行われています。それによって、教会が神様の光の中に歩んでいないことがわかります。私たちは、神様が幼子のような新しい教会を牧してくださること、また聖霊が信じたばかりのこうした人たちを導き養ってくださることを信じたいものです。

【三〇～三一節】

「さて、一行は送り出されてアンティオキアに下り、教会の会衆を集めて手紙を手渡した。人々はそれを読んで、その励ましのことばに喜んだ。」 アンティオキアの信者は、ただ信仰によって救われたに違いありませんが、後にパリサイ人が来て儀式的な教えを伝えました。けれども初めに信仰によって生まれ変わりを経験し、神の子となったものですから、この手紙を受けて、大いに喜びました。

郵便はがき

恐縮ですが
切手を
おはりください

164-0001

東京都中野区中野 2-1-5

いのちのことば社

出版事業部行

ホームページアドレス　http://www.wlpm.or.jp/

お名前	フリガナ	性別	年齢	ご職業
		男・女		
ご住所	〒	Tel.　(　　)		

所属(教団)教会名	牧師　伝道師　役員 神学生　CS教師　信徒　求道中 その他 該当の欄を○で囲んで下さい。

アドレスをご登録下さい！

携帯電話 e-mail:

パソコン e-mail:

新刊・近刊予定、編集こぼれ話、担当者ひとりごとなど、耳より情報を随時メールマガジンでお送りいたします。お楽しみに！

ご記入いただきました情報は、貴重なご意見として、主に今後の出版計画の参考にさせていただきます。その他、「いのちのことば社個人情報保護方針（http://www.wlpm.or.jp/info/privacy/）」に基づく範囲内で、各案内の発送などに利用させていただくことがあります。

いのちのことば社＊愛読者カード

本書をお買い上げいただき、ありがとうございました。
今後の出版企画の参考にさせていただきますので、
お手数ですが、ご記入の上、ご投函をお願いいたします。

書名	

お買い上げの書店名

町
市　　　　　　　　書店

この本を何でお知りになりましたか。

1. 広告　いのちのことば、百万人の福音、クリスチャン新聞、成長、マナ、
　　信徒の友、キリスト新聞、その他（　　　　　　　）
2. 書店で見て　3. 小社ホームページを見て　4. 図書目録、パンフレットを見て
5. 人にすすめられて　6. 書評を見て（　　　　　　　）
7. プレゼントされた　8. その他（　　　　　　　）

この本についてのご感想。今後の小社出版物についてのご希望。

◆小社ホームページ、各種広告媒体などでご意見を匿名にて掲載させていただく場合がございます。

◆愛読者カードをお送り下さったことは（　ある　初めて　）
ご協力を感謝いたします。

【三二〜三三節】

「ユダもシラスも預言者であったので、多くのことばをもって兄弟たちを励まし、力づけた。」エルサレムから来た使者も、預言者、神のみことばを宣べ伝える者でしたから、説教も勧めもしました。純粋な福音を宣べ伝え、ただ信仰によって神様の完全な救いにあずかることができると宣べたに違いありません。

【三五節】

パウロとバルナバは、他の預言者だけでなく、「ほかの多くの人々とともに、主のことばを教え、宣べ伝えた」とありますから、多くの信徒も教えをなし、みな心を合わせて神の御国を広めました。アンティオキアの教会は聖霊の宿っておられるところでしたから、そのように多くの証人がいました。みな力をもってキリストの恵みを証しすることができました。けれどもその人々のうち、ほんの数名だけが、普通の仕事を捨てて外国伝道に出ました。多くはアンティオキアにとどまって、そこで主イエスを証ししました。

そして三六節から、パウロの第二次伝道旅行が始まります。

31　パウロの第二次伝道旅行

【三六節】

「それから数日後、パウロはバルナバに言った。『さあ、先に主のことばを宣べ伝えたすべての町で、兄弟たちがどうしているか、また行って見て来ようではありませんか。』」このときのパウロの重荷は特に、救われた信者のことでした。彼はすでに見つけられ、救われた羊のことを重荷としていました。コリント人への手紙第二、一一章二八節に、「ほかにもいろいろなことがありますが、さらに、日々私に重荷となっている、すべての教会への心づかいがあります」と記されています。パウロは主イエスの愛に励まされて、どうにかして罪人に福音を宣べ伝え、これを救い出そうとしていました。けれどもそれと同時に、すでに導いた子どもたちを養い、その信仰の様子を尋ねたかったのです。パウロはいつでもこの二つの重荷をもっていました。

彼は絶えず信者の様子を重荷として祈りました。ローマ人への手紙一章九節を見ると、ローマの信者のために祈っていることがわかります。「私が御子の福音を伝えつつ心から仕えている神が証ししてくださることですが、私は絶えずあなたがたのことを思い……。」　またエペソ人への手紙一章一六節にも、ピリピ人への手紙一章四～五節にも、絶えずそこの信者のために重荷を負って祈ったことを見ることができます。パウロはそのように神様の前で信者のために重荷を負っていましたから、特にそのためにいま第二次の旅行を始めます。

【三七～三九節】

「バルナバは、マルコと呼ばれるヨハネを一緒に連れて行くつもりであった。しかしパウロは、パンフィリアで一行から離れて働きに同行しなかった者は、連れて行かないほうがよいと考えた。こうして激しい議論になり……。」　争いには必ず両方に理由があります。バルナバは若いマルコの過失を赦して、もう一度連れて行きたいと願いました。これは適切な理由でしょう。またパウロはおそらく戦いの大切なこと、また戦いの恐ろしさを感じ、一度失敗して、いま心から信頼できないこの兵士を伴うことを好みませんでした。ギデオンの兵士の話を思い起こして、こういう者はかえって行かないほうがよいと思いました。一緒に行けば、伝道の妨害になると思ったのでしょう。

パウロはマルコのことを愛していたに違いありません。けれども愛のためでなく伝道のために、主の御用のために、どちらがよいかを考えなければならないと思ったのです。教会はおそらくパウロに同意したと思います。

【四〇節】

「パウロはシラスを選び、兄弟たちから主の恵みにゆだねられて出発した」とあります。バルナバについてはそのようなことが書いてありませんから、教会はおそらくパウロに賛成したのでしょう。

【四一節】

「そしてシリアおよびキリキアを通り、諸教会を力づけた。」二三節でシリアとキリキアにいる異邦人の兄弟たちについて読みましたが、ここで初めてキリキアに教会があったことがわかります。キリキアはパウロの地元で、その地で証ししたと思いますが、そのことについて聖書は何も記していません。パウロはシラスとともにその地方へ行き、バルナバはマルコを連れてキプロスに渡りました。

第一六章

【一節】

「それからパウロはデルベに、そしてリステラに行った。」　パウロはこのデルベとリステラで歓迎されたに違いありません。そこの信者はあふれるほどの愛をもって歓迎したでしょう。パウロはそこへ行ったとき、どういう感情が起こったでしょうか。神様の不思議な御業を思い起こし、迫害と苦しみから救われたことを思い出して、心の中で喜び、感謝したでしょう。パウロが迫害された所にもう一度行ったことは、確かに大胆なことです。主イエスのために自分の身を惜しまずに、命をかけて喜んで、そこへ行ったのです。

「そこにテモテという弟子がいた。」　英語の訳には「見よ」という語が入っています。テモテという弟子がいた。これは驚くべきことでした。パウロはそこに行って、思いがけず、愛するテモテを得ました。愛するバルナバと別れ、心が傷つき、寂しい心をもって、そこへ行きました。すなわち、パウロは伝道のために自分の心を傷めてバルナバと別れました。そしてデルベでも、リステラでも、どこにおいてもバルナバのことを思い出したでしょう。そういうときに、神様はパウロに、愛するテモテを与えてくださいました。これは実に神様の恵みでした。神様の愛のしるしでした。このように神様は私たちを慰めるために愛する友を与えてくださいます。これは地上における神様の最も良い賜物であると思います。

この時からテモテは、パウロの地上における最も大きな喜びとなりました。テモテへの手紙第一、一章二節には「真のわが子テモテ」、またテモテへの手紙第二、一章二節には「愛する子テモテ」とあります。そのようにテモテを愛し、テモテの愛を喜びました。ピリピ人への手紙二章一九節から見てください。「私は早くテモテをあなたがたのところに送りたいと、主イエスにあって望んでいます。あなたがたのことを知って、励ましを受けるためです。テモテのように私と同じ心になって、真実にあなたがたのことを心配している者は、だれもいません。みな自分自身のことを求めていて、イエス・キリストのことを求めてはいません。しかし、テモテが適任であることは、あなたがたが知っています。子が父に仕えるように、テモテは私とともに福音のために奉仕してきました」（二・一九～二二節）。

ですからテモテはパウロの心を心とし、パウロと一緒に苦しみ、生命《いのち》を惜しまず主のために働きました。真にパウロと心が一つでした。

第一次伝道旅行では、パウロはマルコという青年を連れて行きました。パウロはいつでも青年が一緒にいることを願いました。けれどもマルコはパウロと一つ心ではありませんでした。主イエスのために生命を惜しまない心がなかったのでしょう。そのためにパウロは心を傷めてマルコと別れましたが、いま神様は新たな青年を彼に与えてくださいました。パウロと一つ心をもっている青年です。テモテへの手紙第二、三章一〇～一一節、「しかしあなたは、私の教え、生き方、計画、信仰、寛容、愛、忍耐に、また、アンティオキア、イコニオン、リステラで私に降りかかった迫害や苦難に、よくついて来てくれました」。ですからテモテはその時からパウロと共に苦しみを受け、パウロと共に迫害を受け、パウロは幸いな時も患難の時もいつもこの若い兄弟との交わりによって慰められました。

「それからパウロはデルベに、次いでリステラに行った。すると、そこにテモテという弟子がいた。」先にパウロがリステラに行ったときには、瀕死の状態になりました。けれどもそのときにテモテが救われたのでしょう。パウロが生命を惜しまずに主のために働いた報いとして、神様はこういう美しい賜物――テモテという青年――を与えてくださったのです。

今日、クリスチャンはあまり友の愛を重んじないようですが、それは非常に残念なことです。もしも私たちが神様と交わることができるからといって友の愛をあまり重んじないとするならば、それは偽りの信仰です。真に神様を愛する人は、神様を愛すれば愛するほど、兄弟姉妹との親交を求めます。神様と交わっても兄弟姉妹と交わることがなければ、その心は寂しいものとなります。私たちが兄弟姉妹を与えられるように神様に求めることは、良いことです。これは神様の最上の恵みです。神様がそれを与えてくださるならば、そのために大きな力を得ます。二人が心を合わせて主に仕えるならば、そのためにさらに大きな力で働くことができます。神様がパウロにテモテを与えてくださったように、自分にもそのように大きな恵みの賜物が与えられるように祈り求めたいものです。

テモテはどういう人かというと、「信者であるユダヤ人女性の子」、すなわちアジア人、「父親がギリシア人」、すなわちヨーロッパ人です。モーセの律法を厳守するならばこういう人は切り捨てられなければなりません。ネヘミヤ記一三章を見ると、ネヘミヤはそんな人を切り捨てていることがわかります。「そのころまた私は、アシュドデ人、アンモン人、モアブ人の女を妻にしているユダヤ人たちに気がついた。彼らの子どもの半分は、アシュドデのことばか、あるいはそれぞれほかのことばを話して、ユダヤのことばが分からなかった」(二三～二四節)。ですから、この神の人はそんな人々を切り捨てました。エズラ記九～一〇章にも同じ記述があります。けれどもパウロはいま律法的な心ではなく、愛の心をもってこの人を受け入れました。テモテが真に悔い改め、真に献身していると思い、熱い愛をもって受け入れ、この青年を神のしもべとしました。

【一～三節】

「パウロは、このテモテを連れて行きたかった。それで、その地方にいるユダヤ人たちのために、彼に割礼を受けさせた。彼の父親がギリシア人であることを、皆が知っていたからである。」 前に述べたように、パウロはテトスに割礼を許しませんでした。一方、ここでは他のユダヤ人に捨てられたユダヤ人に割礼を授けます。けれども、これはパウロにおいては同じ心です。自由をもってテトスにその儀式を授けませんでしたが、他の人々に蔑《ないがし》ろにされていたテモテには割礼を施しました。

【四節】

「彼らは町々を巡り、エルサレムの使徒たちと長老たちが決めた規定を、守るべきものとして人々に伝えた。」 この「規定」とは、純粋な福音を守ることです。儀式的な精神でなく、福音にかなう戒めでした。

【五節】

「こうして」、すなわちパリサイ人のパン種を捨てたので、儀式的な心を捨てたので、そのために「諸教会は信仰を強められ、人数も日ごとに増えて」いきました。毎日新しい信者ができ、毎日教会は実を結びました。純粋な福音を伝えれば、必ずそのように多くの実を結びます。

【六～八節】

彼らはアジアのあちこちの町々に伝道し、「フリュギア・ガラテヤの地方を通って」、なお西南のほうへ行って、みことばを語ろうとしました。しかし、神様の霊がこれを許さなかったので、北のほうへ行き、ビティニアに伝道しようと考えました。神様はそこの人々に救いを宣べ伝えさせようとしておられるのではないかと思い、祈りましたが、やはり導きは得られません。南のほうに行くことを禁じられ、また北のほうに行くこともできません。しかし東のほうはすでに伝道しましたから、何としても西のほうに行かなければなりません。「それでミシアを通って、トロアスに」下りました。

神様はこのときアジアへ伝道することを禁じておられますが、一九章一〇節を見ると、アジアに導いておられることがわかります。またペテロは後にビティニアに手紙を送りましたから（Ⅰペテロ一・一）、神様がそこにも福音を宣べ伝えさせたことがわかります。けれども、このときには許されなかったのです。
彼らはそのようにトロアスのほうに来ましたが、そのときにはまだパウロの心に確実な光がなかったため、惑いの中で神様の光を熱心に求めながら進んでいたと思います。神様は必ず導きを与えてくださると信じて進み、ついにトロアスまでやって来たわけです。

【九節】

「その夜、パウロは幻を見た。一人のマケドニア人が立って、『マケドニアに渡って来て、私たちを助けてください』と懇願するのであった。」 神様はついに光を与えてくださいました。神様は重要なヨーロッパ伝道を始めようとしておられました。今日ヨーロッパのあちらこちらにキリストの救いが伝わっていますが、その初めはここでした。パウロは神様の導きを求め、右にも左にも曲がらずにその導きに従ったので、ついに明らかな光を得ることができました。神様は私たちをも、あるときにはそのように扱われることがあります。熱心に光を求めても光を得られず、右あるいは左に行くことさえ許されないことがあります。けれども神様の光を求めて進んで行けば、最後には明らかな光が必ず与えられます。
パウロはこのとき、幻の中で一人のマケドニア人を見ました。また、そのマケドニア人の叫びを聞きました。聖霊に満たされた人は神様の声を聞きますが、救いを求める人の叫びをも聞きます。聖霊に満たされた人は、夜の夢によって神様の導きを得るかもしれません。パウロが幻を見たこのときも、明らかに行けという命令はありませんが、マケドニア人の叫びを聞いて心の中に確信を得、その地に行くことが御旨であることを知りました。

【一〇節】

「パウロがこの幻を見たとき、私たちはただちにマケドニアに渡ることにした。彼らに福音を宣べ伝えるために、神が私たちを召しておられるのだと確信したからである。」パウロは神様の御旨がわかったので、「ただちに」そこに行こうと出発しました。

32 ヨーロッパ伝道の開始

【一一〜一二節】

「私たちはトロアスから船出して、サモトラケに直航し、翌日ネアポリスに着いた。そこからピリピに行った。」サモトラケは途中の島で、ネアポリスは向こうの港です。

ピリピは植民地であり、小さいローマのような町でした。そこには役人も多くおり、大きな建築物もあって、政治上の都でした。その時代のローマの植民地はローマ政府が金を費やして飾っていたので、このピリピも賑わい栄えた町でした。

パウロたちはこの町に数日とどまりました。この数日の間にその町の様子を尋ね、神様を敬う者がいるかどうかを尋ね、それとともに町のいろいろなことを知ることができました。

【一三節】

「そして安息日に、私たちは町の門の外に出て、祈り場があると思われた川岸に行き、そこに腰を下ろして、集まって来た女たちに話をした。」　これは女性たちの祈り会で、小さな集まりでしたが、神様はこの小さな集会を出発点として大きな働きを成就してくださいました。

私たちはときとして小さな集会を軽視しますが、神様はたびたび大きな集会よりも小さな集まりを祝福し、またそうしたところによって大きな火を燃え上がらせてくださることがあります。

この祈り会の人たちは、助けと光を求めていたかもしれません。心の中に満足がないので、熱心に神様の光を求めていたのでしょう。パウロが幻の中で見たマケドニア人の祈りは、この人たちの祈りであったのかもしれません。パウロは、この女性たちの祈りの答えとして、ヨーロッパに行くように神様に召されたのかもしれません。

集会は川岸でありました。神様はたびたびそのような静かな所でご自分を現されます。エゼキエル書三章一五節、「私はテル・アビブの捕囚の民のところへ行った。彼らはケバル川のほとりに住んでいたが、私は彼らが住んでいるその場所で、七日間、茫然として彼らの中に座っていた」。これも川の岸にある祈りの場所でした。エゼキエル書三章二三節、「私は平地に出て行った。すると、主の栄光が、かつて私がケバル川のほとりで見た栄光のように、そこにとどまっていた。それで私はひれ伏した」。ですからエゼキエルは川岸で神様の栄光を見ることができました。ダニエル書一〇章四節、「第一の月の二十四日に、私はティグリスという大きな川の岸にいた」。ダニエルも川岸で神の御子の栄光を見ました。

このように今この女性たちは川岸で主イエスの栄光を見ることができました。

この〝使徒の働き〟一六章に悔い改めの三つの例が記されています。それらはそれぞれまったく異なっています。第一の例は、一四節からのリディアの悔い改めです。


【一四節】

この女性は多忙な商人でした。またティアティラの人ですから、異邦人です。けれども神様を敬っていたので、すでにユダヤ教に入っており、いつもユダヤ人の小さい集会に参加していました。

「リディアという名の女が聞いていた。」この女性は神様を求めました。また旧約聖書によっていくらか光を得ていたでしょうが、まだ真に心の確信と満足を得なかったのでしょう。続けて集会に参加していましたが、まだ明らかな光を得ていませんでした。けれども今パウロの話を聞き、その言葉によって光を得ました。

「主は彼女の心を開いて」とあるように、主が働いてくださいました。御霊がその心の中に働いてくださったのです。御霊はこの女性に神様の恵みを受ける心を与えてくださいました。けれどもそれだけでなく、この人は自分からもそれを受け入れました。「パウロの語ることに心を留めるようにされた。」この人は聖霊の働きをいただき、心を用いて聴きました。聖霊の働きもあり、またその人自身の信仰の働きもあります。この両方が見えます。

そのようにして静かにパウロの説教を聞いているときに、そのまま主の救いを受け入れました。

今でもたびたび集会においてこういう悔い改めがあります。これは真に聖霊の働きです。

【一五節】

「そして、彼女とその家族の者たちがバプテスマを受けたとき、彼女は『私が主を信じる者だとお思いでしたら、私の家に来てお泊まりください』と懇願し、無理やり私たちにそうさせた。」この人は自分が救われたことだけでは満足せず、なんとかして家族をも救いに導きたいと願いました。家族は初めの集会には出ていなかったでしょうから、リディアは家族を導き、皆に救いの恵みを受けさせたかったのです。

これは救いの美しい初めの実です。すなわち、自分の救いでは満足せず、なんとかして愛する者のために同じ救いを求めるという心が自然に起こってきます。また、この精神のあるところに、必ず聖霊の働きがあります。

それだけでなく、他の実もあります。リディアは神の人を世話したかったのです。主の言葉を受け入れたので、神様の使者を親切に迎えたかったのです。ですからこの女性の持ち物はみな神様のものとなり、神様のために用いられました。これは第二の美しい結果です。

第一は愛する者の救いを願う心、第二はその家も持ち物も神のしもべのために用いることです。

そのときに他の者も救われます。そして、多くの者が救われたのでしょう。この章の終わりを見ると、「牢を出た二人はリディアの家に行った。そして兄弟たちに会い……」とあるので、救われた兄弟たちがいたことがわかります。ここに明確に書かれていませんが、リディアのほかにも多くの魂が救われたのでしょう。

これがピリピ教会の初めです。後にこの教会は活動的になります。パウロはこの教会を愛しました。ここへ送った手紙を見てください。ピリピ人への手紙一章三節以下です。

「私は、あなたがたのことを思うたびに、私の神に感謝しています。あなたがたすべてのために祈るたびに、いつも喜びをもって祈り、あなたがたが最初の日から今日まで、福音を伝えることにともに携わってきたことを感謝しています。あなたがたの間で良い働きを始められた方は、キリスト・イエスの日が来るまでにそれを完成させてくださると、私は確信しています。あなたがたすべてについて、私がこのように考えるのは正しいことです。あなたがたはみな、私が投獄されているときも、福音を弁明し立証しているときも、私とともに恵みにあずかった人たちであり、そのようなあなたがたを私は心に留めているからです。私がキリスト・イエスの愛の心をもって、どんなにあなたがたすべてを慕っているか、その証しをしてくださるのは神です」

（三～八節）。

パウロとこの教会との間には、このように親しい関係がありました。愛のつながりがありました。またこの教会はパウロの証しを聞き、パウロと共に恵みを受けました。その時からいつもパウロを愛し、助けようとしました。ピリピ人への手紙四章一四節以下を見てください。

「それにしても、あなたがたは、よく私と苦難を分け合ってくれました。ピリピの人たち。あなたがたも知っているとおり、福音を伝え始めたころ、私がマケドニアを出たときに、物をやり取りして私の働きに関わってくれた教会はあなたがただけで、ほかにはありませんでした。テサロニケにいたときでさえ、あなたがたは私の必要のために、一度ならず二度までも物を送ってくれました」（一四〜一六節）。

ですから、いつでも愛を示して、愛のためにパウロを助け、人をパウロのもとに遣わしました。実に美しい姿でした。このピリピ人が救われたために、パウロが大きな慰めと喜びを得たに違いないことが、これによってわかります。そのために喜びの管となってパウロを心から愛したのです。

次に第二の悔い改めの話に移ります。

【一六〜一七節】

「さて、祈り場に行く途中のことであった。私たちは占いの霊につかれた若い女奴隷に出会った。この女は占いをして、主人たちに多くの利益を得させていた。」「祈り場」とは川岸だったのでしょう。そこで「占いの霊につかれた若い女奴隷」に会いました。第一の悔い改めの例は、真に神様を敬い、神様を求める敬虔な女性でしたが、第二の例はまったくそれと反対で、悪霊につかれて悪魔の奴隷となっていて、祈り会など決して来たことのない女性でした。

神様の言葉は、第一の女性も第二の女性も救います。これは幸いなことです。神様を敬う義《ただ》しい者が救われたことを見ると、少しも集会に出ない悪霊につかれたような者が救われるという信仰をもてなくなるのかもしれません。けれどもパウロはそうではありませんでした。そういう者も救われるという信仰をもって、彼はそんな哀れな者も救いに導くことができました。

「彼女はパウロや私たちの後について来て、『この人たちは、いと高き神のしもべたちで、救いの道をあなたがたに宣べ伝えています』と叫び続けた。」この女性は占いをしていました。これは悪魔の偽りの働きです。悪魔は聖霊に満たされた者の真似をします。悪い霊につかれて占いをする女性を立てて、聖霊に満たされた者を真似します。悪魔はいつでも偽物を作って、神様の美しい働きを真似るのです。

ここでは聖霊の声を真似します。その時期に救われた人々が聖霊に満たされるなら、この女性が言ったのと同じ言葉を大胆に語ったと思います。ここにある証しをすることとは本当に良いことです。ところがサタンはこうした聖霊の働き、またそうした信仰の働きを真似します。

パウロはこの言葉を聞いて、これは幸いであると思ったでしょうか。この女性が大胆にパウロの伝道と救いの道を宣べ伝えることは幸いであると思ったでしょうか。人々がこのことによって福音を聞き、救われる者が起こるかもしれないので、これは幸いなことであると思ったでしょうか。

パウロは決して悪魔の助けを願いませんでした。神の国のために悪魔の助けを受け入れることは、むしろ大きな罪、大きな間違いであると知っていました。これによってパウロが明確な聖霊の光をもっていたことがわかります。もし彼の心の中にいくらかでも肉に属する考えがあったならば、肉の力に依り頼む心が少しでもあったならば、おそらくそうした証しを拒まなかったでしょう。けれどもパウロの心の中には聖霊の光があったので、きっぱりとこの女性の証しを拒みました。

兄弟姉妹よ、私たちは肉の力、この世の助けをきっぱり断らなければなりません。神様ご自身がご自分の国を建ててくださいますから、この世の助け、あるいは世に属する者の助けを求めるわけはありません。

【一八節】

「何日もこんなことをするので、困り果てたパウロは、振り向いてその霊に、『イエス・キリストの名によっておまえに命じる。この女から出て行け』と言った。すると、ただちに霊は出て行った。」パウロは、マルコの福音書九章二五節にある主イエスの言葉を借りて、悪霊に出て行けと命じました。するとその瞬間に霊が出て行ったので、この女性は救われました。これまでこの人の心の中には苦しみと悲しみと憂いばかりがあったでしょうが、いま平安が訪れました。目を覚まされるように光を得て、新しいいのちを得ました。悪霊が追い出されて奴隷の姿から離れることができました。

これが悔い改めの第二の例です。この女性は後にピリピ人への手紙を聞いたとき、必ずや慰めを得たでしょう。

【一九節】

「彼女の主人たちは、金儲けする望みがなくなったのを見て、パウロとシラスを捕らえ、広場の役人たちのところに引き立てて行った。」

悪魔はこれまでは巧みに装ってパウロを助ける者のように見せかけていましたが、実際にはどうにかしてその伝道を妨げようとしていました。助けると見せかけて、かえって伝道を邪魔しようと思っていたのです。けれどもこの一九節から、悪魔は吼《ほ》えたける獅子のようにパウロと戦います。今までは知恵のある蛇のようにやって来ましたが、その悪巧みが成功しなかったので、ここからは吼えたける獅子のようにパウロに反対していきます。

【二〇～二二節】

ですからパウロは偽の嫌疑で訴えられ、鞭打たれて牢に入れられました。パウロは初めトロアスで幻を見て、神様の導きだと思い、ヨーロッパに渡ってこの町で伝道しました。ところが、もしそれが真に神様の導きなら、初めから勝利と幸いを得るはずではなかろうか、それなのにヨーロッパに来ると、さっそくこのような目に遭うのは、神様の導きと思って来たことが間違いではなかったのだろうか、と思ったのではないでしょうか。信仰の弱い人ならばそんな考えが起こるかもしれません。

けれども、パウロはいま迫害に遭って伝道をやめなければならない場合でさえも神様を信じ、神様は必ず共におられると信じることができました。こういう信仰があったので、伝道をやめなければならないような迫害においても、身体に激しい痛みを味わう場合にも、神様は勝利を与え、そのわざわいをむしろ栄光ある勝利の始まりとしてくださいました。

私たちも神様の導きをいただき、それに従うならば、妨げるものを恐れる必要はありません。悪魔がどんなに伝道を邪魔し、伝道者を取り除くことができたとしても、神様はそのことをかえって栄光ある勝利の始まりとしてくださいます。ですから、まず第一に神様の明確な光と導きを求めたいものです。神様の導きがあれば、大胆に進むことができます。妨げる者が起こるようなことがあっても、常に心の中に望みを抱いて勝利を待ち望み、主に従うことができます。

【二三節】

「そして何度もむちで打たせてから二人を牢に入れ、看守に厳重に見張るように命じた。」　ローマの鞭の刑罰は非常に重い刑罰であり、それを受ける者がそのために死ぬこともたびたびでした。その鞭には九つの尾があって、その尾に金属片が付けられていましたから、鞭打たれればひどい傷を受け、その傷の痛みは甚だしいものでした。パウロとシラスは、このひどい刑罰を受けてから獄に入れられ、厳重に見張られました。これは命令によってそのようにされたのですが、このようにした人々はみな頑な心をもって、どうにかして二人を残酷な目に遭わせたかったので、残酷に扱って、いっそうひどい目に遭わせました。

けれどもそのときでさえ、この看守はパウロとシラスの平安と柔和を見ました。この二人が勇気と忍耐をもってその残酷な刑罰を受け、少しの怒りもなく柔和に獄に入れられたのを見て、この人たちが普通の人とは異なっていることがわかりました。看守はそのときにきっとそう感じただろうと思います。ですから、後でこの看守は彼らに救いを求めました。救いを求めたのは、今この刑罰の時にパウロたちの様子を見て感じたからに違いありません。

私たちも失望の時に、苦しみの時に、迫害に遭った時に、ただキリストの霊を現せば、それを見る人々がたとえそのときにそのことを感じなくても、また私たちがその苦しみや迫害を免れることがなくても、後に必ず実を結びます。それを見た人々が心配なことに遭遇したときに、あるいは苦しみに陥ったときに、以前に見たことを思い出してキリストを求めるようになるでしょう。

この看守は、この二人が何のために刑罰を受けているかを知っていたに違いありません。また占いの霊につかれた女性の話を聞き、彼女がこの人たちによって癒されたことも聞いたでしょう。それでこの二人が霊の力をもっているとわかりました。けれどもこのときにはそれについて感じることがなく、冷淡で頑固な心をもって残酷に扱いました。

【二四節】

ですから人の考えからすれば、パウロの伝道は失敗であると思われます。もはや望みは絶たれました。その奥の牢に入れられたら、いつ出されるかもわかりません。また出されても、それは死刑に遭うために出される時でしょう。

人の考えからすれば、これはまったく絶望的な状況でしたが、神様はそんな望みのない時からリバイバルを始めてくださいました。こういう失敗と思われる時から大きな成功を起こし始めておられました。その晩、この牢の奥の小さく暗い部屋を聖なる神殿とし、栄光ある所とし、天の空気をそこで吸うことのできる所としてくださいました。その牢全体をご自身が聖別なさった場所、ご自身がおられる所としてくださいました。

ですから私たち信者は決して迫害を恐れるべきではありません。牢に入れられることがあっても、それを恐れる理由はありません。神様はそんな場合にそんな所からご自身のご栄光を現して、リバイバルを始めてくださるかもしれません。

【二五節】

「真夜中ごろ、パウロとシラスは祈りつつ、神を賛美する歌を歌っていた。」これは決して義務的な祈り会ではありません。あふれる心から神様を賛美しました。神様のご臨在を感じたので、祈らずにいられませんでした。これは真に美しい祈り会でした。

このときに感謝すべき理由があったでしょうか。かえって涙を流さなければならないのではありませんか。いいえ、神様を知る者は、こういうときでさえもあふれる感謝の心をもって神様を賛美します。詩篇三二篇一一節、「正しい者たち 主を喜び 楽しめ。すべて心の直ぐな人たちよ 喜びの声をあげよ」。神様はこういう喜びを願っておられます。心の中に神様の救いを経験していれば、ときには場所に関係なく「喜びの声をあげ」ます。心からあふれる喜びをもって叫びます。私たちはたびたび行儀を良くしようとして、静かに賛美をささやくだけですが、ときにはこのパウロたちのように、どんな場所でも救いの喜びを歌う必要があるのかもしれません。

「ほかの囚人たちはそれに聞き入っていた。」 原語を見ると、ほかの囚人たちが長く楽しんで聞いていたようです。奥の牢からそれまではたびたび呪いの声が漏れました。しかし今、喜びの声、厳粛な祈りの声が聞こえるので、囚人たちは耳を傾けてそれを聞き入っていました。

そんなときに神様は突然彼らの祈りに答えてくださいました。

【二六節】

「すると突然、大きな地震が起こり、牢獄の土台が揺れ動き、たちまち扉が全部開いて、すべての囚人の鎖が外れてしまった。」 この地震は祈りの答えでした。

神様はたびたび祈りに答えて霊の地震をお与えになります。詩篇一八篇を見てください。そこでダビデは自分の経験を述べていますが、これは祈りが答えられて救いを得た経験です。四節から読みます。「死の綱は私を取り巻き　滅びの激流は私をおびえさせた。よみの綱は私を取り囲み　死の罠は私に立ち向かった。」ですから真に囚人だったのです。「私は苦しみの中に主を呼び求め　わが神に叫び求めた。主はその宮で私の声を聞かれ　御前への叫びは　御耳に届いた。」ですからこのように望みのない状況においても、そのようにどうしようもない時においても、神様は祈りに答えてくださいます。その答えは地震です。「地は揺るぎ動いた。山々の基も震え揺れた。主がお怒りになったからだ。煙は鼻から立ち上り　その口から出る火は貪り食い　炭火は主から燃え上がった。」こういうことは目に見えず、またそれを身体に感じません。けれども神様は見えないところにこのようにして力を尽くして、あわれむべき者の祈りに答えてくださいました。「主は　天を押し曲げて降りて来られた。黒雲をその足の下にして」(四〜九節)。その結果は一六節以下です。「主は　いと高き所から御手を伸ばして私を捕らえ　大水から私を引き上げられました。主は　力ある敵から私を救い出されました。私を憎む者どもからも。彼らが私より強かったからです」(一六〜一七節)。

神様はこのように祈りの答えとして霊の地震を与えてくださいます。目に見えるところから言えば、ただ哀れな者が祈って救いを得たということにすぎませんが、ダビデは霊の目をもって、見えないところにおいて神様がなしてくださったことを見ました。私たちが単純な信仰をもって祈るときに、神様は詩篇一八篇のようにその祈りに答えて、見えないところに地震を起こしてくださいます。そのために陰府《よみ》の縄は断たれ、死の罠は壊され、悪魔の力は滅ぼされて、救いが与えられます。

ヨハネの黙示録八章三節以下も見てください。

「また、別の御使いが来て、金の香炉を持って祭壇のそばに立った。すると、たくさんの香が彼に与えられた。すべての聖徒たちの祈りに添えて、御座の前にある金の祭壇の上で献げるためであった。香の煙は、聖徒たちの祈りとともに、御使いの手から神の御前に立ち上った。それから御使いは、その香炉を取り、それを祭壇の火で満たしてから地に投げつけた。すると、雷鳴と声がとどろき、稲妻がひらめき、地震が起こった」(三～五節)。

祈りの答えとして神様は悪魔の力を打ち破り、罪の縄を切り、地震を起こしてくださいました。このようにして祈りの力と祈りの結果を感じたいものです。

パウロとシラスはこのときに信仰をもって看守のために祈ったかもしれません。主イエスはマタイの福音書五章四四節でそれをお命じになりました。「しかし、わたしはあなたがたに言います。自分の敵を愛し、自分を迫害する者のために祈りなさい。」パウロはこの看守のために大いに苦しめられたので、おそらくこの人のために祈ったと思います。信仰をもって、この看守が救われるために祈ったでしょう。神様はその祈りの結果として、看守の心も震い動かしてくださいました。

【二七節】

「目を覚ました看守は、牢の扉が開いているのを見て、囚人たちが逃げてしまったものと思い、剣を抜いて自殺しようとした。」囚人たちを逃がしてしまえば看守はおそらく死罪を宣告されますから、自分の生命を失います（一二・一九参照）。それよりも自殺したほうがよいと思って、そのようにしようとしました。死んでから後のことはまったくわかりません。けれども死の淵にまで行きました。そんな時にだれかこの人を顧みてくれる親切な声を聞きました。

【二八節】

「パウロは大声で『自害してはいけない。私たちはみなここにいる』と叫んだ。」おそらくこのとき、皆が神様のご臨在を感じたのでしょう。頑なな心をもつ囚人たちでも、神様のご臨在と、その地震が神様の特別な働きであることを感じて、逃げずにそこにとどまっていたのでしょう。パウロの賛美と祈りの声を聞いたので、地震もそれと何か関係があると思って、みなパウロに目を注いだことでしょう。〃使徒の働き〃二八章において、難船した船の人々がパウロに目を注いだように、今この時にもみなパウロに目を注いで逃げなかったのでしょう。前の晩にはパウロは低い立場の中でも最も低い者でしたが、いま神様は彼を、人の目の前でも高く挙げてくださいました。看守はそれを感じました。

【二九節】

「看守は明かりを求めてから、牢の中に駆け込み、震えながらパウロとシラスの前にひれ伏した。」看守はこの低い立場のユダヤ人の前にひれ伏し、低い立場の囚人の前に自らを低くしました。

【三〇節】

「そして二人を外に連れ出して、『先生方。救われるためには、何をしなければなりませんか』と言った。」これは人が他の者に向かって発することのできる最大の質問です。だれにも必ず心の中にこういう質問があります。けれどもほとんどの人は恥じて、それを尋ねません。けれども心配な時、あるいは失望の時に、心からそれを吐き出します。この人はおそらく、一七節にある「この人たちは、いと高き神のしもべたちで、救いの道をあなたがたに宣べ伝えています」という女性の言葉を聞いていたでしょう。いくらかそのことについて感じていたのかもしれません。前の晩、刑罰を執行したときに、そして、たったいま地震の時にパウロとシラスの平安を見たので、この「救いの道」は事実であると感じて、自分も同じ平安と同じ確信を得たいと願ったのでしょう。

パウロはこのときに何と答えたでしょうか。地震は人を導くのに適切なものではない、そんな時にはいろいろな心配や恐怖が起こるものだから、罪人を導くのにふさわしい時ではないと考え、とにかく朝まで時を延ばそうと思ったでしょうか。この人はこれまで何も知らないから、一度も説教を聞きに行ったこともないだろうから、神様を敬わない人だから、と判断し、「そんな心をもっておいでになるのは結構ですが、まだ何もおわかりになっていませんし、しかも今は地震の後で、こんな時に救いを求めるのはおかしいことですから、とにかく私たちの集会においでになり、いくらか理解したうえで救いをお求めになるほうが良いでしょう」などと答えたでしょうか。このように答える人が確かに多くあります。私たちがもし真に聖霊の力を知らなければ、人間の常識にしたがって、こう返答するに違いないでしょう。

けれどもパウロには信仰がありました。聖霊の力に依り頼んでいました。いま地震の後でも、この人がこれまで少しも説教を聞いたことがなくても、たったいま即座に救いを得ることができると信じました。パウロは少しずつの働きを好まず、即座に神の力を見られると信じました。これは一五章のエルサレム会議の決議と同じことでした。罪人は直接に神様の御手から救いの賜物を得ることができると信じたのです。どんなに不都合な時でも、その人が今までどういう人であっても、たったいま即座に救いが得られると信じました。ですからパウロの答えは、こんな地震の時にも、まだ説教を聞いたことのないこの看守に向かっても、「主イエス・キリストご自身を信じなさい」ということでした。

【三一節】

「二人は言った。『主イエスを信じなさい。そうすれば、あなたもあなたの家族も救われます。』」後から贖いについて、また神様のいつくしみや福音の土台について教えたでしょうが、一番大切な福音の眼目は主イエス・キリストを信じることですから、パウロとシラスは今このことを説きました。

また、キリストを信じれば家族も救われると述べました。おそらくこのときに看守の家族も近くに来て、心配そうな顔つきでパウロの言うことを聞いていたのでしょう。それゆえパウロとシラスは、願った本人ばかりでなく家族も救われることを信じて述べました。これは真の伝道者の信仰です。

【三二節】

単純な信仰をもって救いを得たなら、どうにかして主イエスのこと、救いの道について、なおいっそう学びたいものです。ですから、この看守は喜んで、もっと教えについて聞きたいと思いました。彼一人だけでなく「彼の家にいる者全部」がさらに主の言葉を聞きました。おそらく一家の主人が家族全員のことを心配し、自分ひとりが救われたことで満足できず、愛する者みな、しもべたちに至るまで同じ救いの恵みにあずかることを願って、皆を集めて主イエスの言葉を聞かせたのでしょう。これは悔い改めの一つの実です。

【三三節】

この節にあるように、悔い改め以外の実もありました。「看守はその夜、時を移さず二人を引き取り、打ち傷を洗った」のです。これは実に美しいことです。四、五時間ほど前には、同じ人が頑なな心をもって二人を苦しめようとしていました。それなのに、今では愛の心をもって、柔らかな手をもって、自分がつけた傷を親切に洗っています。表情もたぶん変わっていたのでしょう。今は前とは違い、心配そうな顔で気遣い、愛の顔つきをして、できるだけ二人を親切に扱おうとしています。これによってもこの人が救いを得たことがわかるでしょう。これも確かに救いの実です。生まれ変わったので、即座に心が変わってきました。

この節の終わりには、もう一つの救いの結果が見えます。「そして、彼とその家の者全員が、すぐにバプテスマを受けた。」早く自分の信仰を表そうとしました。それまでの生涯に対しては死に、これまでの関係をまったく断ち切って、早く新しい生涯を始めようとしました。

【三四節】

「それから二人を家に案内して、食事のもてなしをし……。」ここに、もう一つの救いの結果が見えます。二人を自分の家に招いて一緒に食事をしました。真の交わりができました。パウロとシラスの兄弟姉妹となって共に交わりました。パウロはこのときに、おそらく長い間食事をしていなかったでしょう。お腹をすかせたままで牢に入れられたでしょうが、いま楽しく一緒に食事をすることができました。

「神を信じたことを全家族とともに心から喜んだ。」これも救いの結果です。その晩は心配の晩のはずでした。名誉を失った恥の晩のはずでしたが、救いを得たので、名誉を失ったとは思わずに喜びました。喜ぶことは救われたことの確かな証拠です。パウロが二五節において喜んだので、いま悔い改めた者もその喜びにあずかりました。

この時から喜びはこの教会の特質となりました。ピリピ人への手紙を見ると、四章四節に「いつも主にあって喜びなさい」とあります。おそらくパウロはこの言葉を書くときに、この夜半の喜びを思い起こしていたことでしょう。この夜からパウロはたびたび喜びについて語ったことでしょう。

【三五節】

「夜が明けると、長官たちは警吏たちを遣わして、『あの者たちを釈放せよ』と言った。」 この命令は看守にとって非常に喜ばしいものだったでしょう。

【三六節】

「そこで、看守はこのことばをパウロに伝えて、『長官たちが、あなたがたを釈放するようにと、使いをよこしました。さあ牢を出て、安心してお行きください』と言った。」 けれどもパウロはこれに同意しませんでした。福音のために、ここの小さい教会のために、神様の栄光のために、それはいけないと思いました。福音の使者は常にへりくだっているべきです。けれどもときとして伝道のためにその特権を行使します。前の晩にピリピにいる多くの人々の目の前で迫害され、卑しめられました。ですからそのまま静かに退くならば、ピリピにいる人々はいつまでも、福音の使者を卑しい者だと思ったでしょう。パウロは伝道のためにそのままにすることを許すことはできませんでした。

【三七〜四〇節】

「牢を出た二人はリディアの家に行った。そして兄弟たちに会い、彼らを励ましてから立ち去った。」　おそらくパウロたちは、その前日にリディアの家を出たのでしょう。ところがいま読んだような迫害が起こったため、若い信者たちがみなリディアの家に集まって祈っていたでしょう（一二・五のように）。信者たちは、長官がパウロたちを赦せと命じたこと（一六・三六）をまったく知らなかったでしょう。ですからそこに集まって祈っているときに、突然パウロが家の門の前に現れたのです。これはちょうど一二章の話のようです。信者たちの祈りは答えられ、パウロたちは無事に牢を出て、その家に入ることができました。そうして愛の言葉と慰めの言葉を与え、また勧めをして立ち去りました。

この〝使徒の働き〟を書いたルカは、おそらくこの時までパウロと一緒だったようです。一六章一〇節に初めて「私たち」という語がありますから、その一〇節からパウロと行動を共にし、ピリピにも一緒にやって来ましたが、ルカは牢には入れられませんでした。一七章からは「私たち」という言葉がありません。二〇章五節に再び「私たち」と書いてあります。ですからここでパウロはピリピを去りますが、ルカはおそらくピリピにとどまったと思われます。テモテと一緒にとどまったのでしょう。

そこではみことばが次第に広まり、教会は恵まれて神様の御旨にかなう教会となりました。この章において悔い改めた三人はいつも教会に出て、神様の恵みにあずかって神様の栄光を現したことでしょう。

第一七章

33　ギリシアにおける宣教

【一節】

「パウロとシラスは、アンピポリスとアポロニアを通って、テサロニケに行った。そこにはユダヤ人の会堂があった。」　ピリピからアンピポリスまでと、アンピポリスからアポロニアまでと、またアポロニアからテサロニケまでとの間は、みなほぼ同じ道のりで、六十キロほどありました。おそらく初めの晩はアンピポリスに泊まり、その次の晩はアポロニアに泊まって、テサロニケへ行ったのでしょう。なぜこの二か所にとどまって伝道しなかったのかはよくわかりませんが、聖霊の導きがなかったのだと思います。

パウロは前の晩、恐ろしい鞭打ち刑を受けました。ふつう鞭打ち刑を受けると、そのために一週間くらいは何もできません。パウロはその傷が一生涯身体に残っていたようですから、とてもひどい鞭打ちであったことがわかります。けれども、神様の力によって癒され、翌日すぐさまピリピを去って、この長旅をすることができました。

ピリピを去りましたが、そこの信者と愛の絆につながれて、いつでもピリピを覚え、またピリピの信者たちもパウロを覚えました。ピリピ人への手紙四章一六節に、「テサロニケにいたときでさえ、あなたがたは私の必要のために、一度ならず二度までも物を送ってくれました」と記されています。真の愛の贈り物を送ったのです。

パウロがテサロニケにいたときには、自分で働いて生活していました。テサロニケ人への手紙第一、二章九節、「兄弟たち。あなたがたは私たちの労苦と辛苦を覚えているでしょう。私たちは、あなたがたのだれにも負担をかけないように、夜も昼も働きながら、神の福音をあなたがたに宣べ伝えました」。夜遅くまで自分の手で働いたのでしょう。

ピリピでこのような迫害を受け、その背に鞭の傷も受けたので、テサロニケでは迫害に遭わないように静かに休むほうがよいのではないかとも思われますが、それはパウロの精神ではありませんでした。テサロニケ人への手紙第一、二章二節には、「ご存じのように、私たちは先にピリピで苦しみにあい、辱めを受けていたのですが、私たちの神によって勇気づけられて、激しい苦闘のうちにも神の福音をあなたがたに語りました」とあります。

【二〜三節】

「パウロは、いつものように人々のところに入って行き、三回の安息日にわたって、聖書に基づいて彼らと論じ合った。」ですからパウロはテサロニケにおいてもさっそく聖書に基づいて福音を宣べ伝えました。聖書に基づいて、三つのことを論じました。第一は、「キリストは苦しみを受け……なければならなかった」ことです。ユダヤ人たちはこれを信じません。メシアは必ず権威を持ち、栄光を受けるはずだと思っていました。けれどもパウロは、必ず苦しみを受けなければならないことを聖書から論じました。第二に、「死者の中からよみがえらなければならなかった」ことを説きました。聖書から、救い主は死んだ後、必ず生命《いのち》を得てこの世に現れてくださると論じました。第三は「私があなたがたに伝えている、このイエスこそキリストです」、すなわちナザレのイエスこそ旧約に預言されていたメシアであると力を尽くして論じました。

これは「三つの安息日にわたり」とありますから、三週間くらいの働きでした。それでも聖霊が働いてくださったので、大きな結果が上がり、リバイバルが起こりました。

【四節】

リバイバルが起こり、多くの人々が悔い改めてキリストを信じました。テサロニケ人への手紙第一、一章に、このときのリバイバルについて詳しく書いてあります。「私たちの福音は、ことばだけでなく、力と聖霊と強い確信を伴って、あなたがたの間に届いたからです」（五節）。たった三週間ばかりの働きでこのように大きな結果を見たのですから、これは言葉の力ではなく、聖霊に力によって起こったリバイバルであることがわかります。他の面から言えば「強い確信」によってです。福音を聞いた人々が喜んで篤《あつ》い信仰をもってこれを受け入れたので、このようなリバイバルが起こったのです。

このリバイバルの結果、信者たちは三つの特徴をもつ者となりました。第一に、同六節の終わりにあるように「主に倣う者」となりました。これは英語で'followers'すなわち主に従う者です。ただ救いを得ただけで満足せず、主に従う者となりました。第二に、七節にあるように「すべての信者の模範」、すなわち手本となりました。第三に、八節からわかるように、他の人々に「主の福音を宣べ伝える伝令者」となりました。テサロニケの信者はこういう者となり、真に救われたわけです。

同じテサロニケ人への手紙第一、一章の終わりを見ると、その悔い改めの順序もわかります。第一に、九節にあるように神様に立ち返りました。「あなたがたがどのように偶像から神に立ち返って」と。これは真の悔い改めでした。きっぱりと罪を捨て、偶像を離れて神様に帰りました。第二に、この神に仕える者となりました。「生けるまことの神に仕えるようになり」と。神様の命令に従い、神様のために働く者となりました。第三に、一〇節にあるように、キリストの再臨を待ち望む者となりました。「御子が天から来られるのを待ち望むようになった」と。今日でも真に悔い改めた者には、この三つのことがあるはずです。罪を捨てることと、神様のしもべとなること、キリストの再臨を待ち望むことです。

ですから聖霊はこの三週間のうちに実に深い働きを成し遂げてくださいました。けれども五節を見ると、聖霊が働いてくださったので、悪魔も働いて迫害を起こしたことがわかります。そしてその迫害は、偶像を信じる者からではなく、神を敬うユダヤ人から起こりました。

【五節】

「ところが、ユダヤ人たちはねたみに駆られ、広場にいるならず者たちを集め、暴動を起こして町を混乱させた。そしてヤソンの家を襲い、二人を捜して集まった会衆の前に引き出そうとした。」　ヤソンはパウロの親類であったようです。ローマ人への手紙一六章二一節に、「私の同胞、ルキオとヤソン」とあります。パウロの家族は多かったでしょうし、その中には、いろいろなところに身分の高い人がいたでしょう。その親戚はパウロを信用していたので、他の人々よりも早く悔い改めて、パウロの信じる宗教を信じたのでしょう。

このときパウロたちがヤソンの家に泊まっただろうと思って、ユダヤ人たちは初めにまずそこへ行きました。

【六節】

「しかし、二人が見つからないので、ヤソンと兄弟たち何人かを町の役人たちのところに引いて行き、大声で言った。『世界中を騒がせてきた者たちが、ここにも来ています。』」「世界中を騒がせてきた者たち」は英語ではもっと強い表現で、天下をひっくり返す者という語です。これは、神様を信じない人の言った良い証しです。三週間のあいだに聖霊の大きな働きがあったので、この人たちはパウロが天下をひっくり返したと言わなければなりませんでした。聖霊が私たちをも用いて、そのような大きな働きをさせてくださることを願います。

罪人をひっくり返すことは神様の御業です。詩篇一四六篇九節、「主は寄留者を守り　みなしごとやもめを支えられる。しかし悪しき者の道は　主が曲げられる」。この

「曲げられる」という語もやはり同じ言葉です。この主がパウロと一緒に働いてくださって、この不信者が言ったように天下をひっくり返しました。

【七節】

テサロニケ人への手紙を見ると、テサロニケの信者は特に主イエスの再臨を待ち望んでいたことがわかります。その手紙の各章の中に主の再臨のことが書いてあります。心の中に特別にその望みが輝いていたのです。主が来て、その国を建ててくださることを望みました。ですから不信者がこれを聞いて、「イエスという別の王がいると言って」います、と言ったのです。

【八〜一〇節】

マタイの福音書一〇章二三節の主の言葉のとおりに、パウロたちはその地を去りました。「一つの町で人々があなたがたを迫害するなら、別の町へ逃れなさい。」

パウロはテサロニケを去りましたが、いつまでもテサロニケの信者たちを愛しました。テサロニケ人への手紙第一、二章一七〜一八節を見ると、「兄弟たち。私たちは、しばらくの間あなたがたから引き離されていました。といっても、顔を見ないだけで、心が離れていたわけではありません。そのため、あなたがたの顔を見たいと、なおいっそう切望しました。それで私たちは、あなたがたのところに行こうとしました。私パウロは何度も行こうとしました。しかし、サタンが私たちを妨げたのです」とあります。パウロは再びテサロニケに帰りたかったのですが、その道が開かれませんでした。「私たちの主イエスが再び来られるとき、御前で私たちの望み、喜び、誇りの冠となるのは、いったいだれでしょうか。あなたがたではありませんか。あなたがたこそ私たちの栄光であり、喜びなのです」（同一九～二〇節）。実に親しい愛の言葉ではありませんか。パウロはわずか三週間この人々と交わっただけでしたが、心の中には燃え立っている愛があり、その短い間にもこのような愛の交わりを結ぶことができたのです。

パウロがそこを去ってから後に、その信者たちに対して大きな迫害が起こりました。テサロニケ人への手紙第一、二章一四節、「兄弟たち。あなたがたはユダヤの、キリスト・イエスにある神の諸教会に倣う者となりました。彼らがユダヤ人たちに苦しめられたように、あなたがたも自分の同胞に苦しめられたからです」。またテサロニケ人への手紙第二、一章四節、「ですから私たち自身、神の諸教会の間であなたがたを誇りに思っています。あなたがたはあらゆる迫害と苦難に耐えながら、忍耐と信仰を保っています」。ここからもわかるように、彼らはひどい迫害に遭わなければなりませんでした。

【一一節】

「この町のユダヤ人は、テサロニケにいる者たちよりも素直で、非常に熱心にみことばを受け入れ、はたしてそのとおりかどうか、毎日聖書を調べた。」パウロはいつでも聖書に基づいて福音を宣べ伝えましたが、このベレアの信者はもう一度あらためて聖書を読んで、パウロの伝えることが実際にそのとおりであるかどうかを調べたのです。この人たちは使徒パウロの言うことをそのまま鵜呑みにせず、聖書から直接、光を得たかったのです。永遠のいのちを得るかどうかという大切な問題ですから、使徒の教えさえも信仰の土台とせずに、自分で神のみことばを調べて、そのみことばにしたがって、みことばの上に信仰を立たせようとしました。神様はそのゆえこの人たちを祝福してくださいました。

人々が私たちの言葉を聞いて、これを信じ、それによって信者となれば、その信仰は弱く、また倒れるかもしれません。けれども私たちの言葉を聞いて聖書を調べ、神様のみことばの上に信仰を立てるならば、必ずしっかりとした信者となります。

【一二節】

「それで……。」すなわち聖書を自分で調べてみたので、そのことで信仰を起こした者がたくさんいました。

【一三節】「そこにもやって来て……。」テサロニケからベレアまで八十キロほどありますが、その長い道のりを旅して来て、人々を騒がせました。

【一四節】「海岸まで行かせた……。」すなわちベレアから船に乗ってアテネに行かせました。けれどもシラスとテモテは若い信者を助けるため、さらに福音を宣べ伝えるために、そこにとどまりました。

34　アテネにおけるパウロ

【一五節】兄弟たちはアテネまでパウロを見送って行きましたが、テモテとシラスに「できるだけ早く彼のところに来るように」という指示を受けて帰途につきました。

ですからパウロはアテネの大都会にただ一人残りました。パウロは愛の深い人でしたから、いつでも兄弟姉妹との交わりを願って、一人でいることを好みませんでした。ある人は一人で働き、一人でいることを願いますが、そういう人の心の中には聖霊の愛はなかなか燃えません。愛の人は兄弟姉妹との交わりを願うものです。パウロは常にそれを願っていました。

テモテはパウロの命令を受けて、おそらくすぐにアテネに行ったでしょう。けれどもテサロニケの信者の苦しみと患難の知らせが携えられてきたので、パウロはまたすぐにテモテをテサロニケに遣わしました。

テサロニケ人への手紙第一、三章一節以下に、「そこで、私たちはもはや耐えきれなくなり、私たちだけがアテネに残ることにして、私たちの兄弟であり、キリストの福音を伝える神の同労者であるテモテを遣わしたのです。あなたがたを信仰において強め励まし、このような苦難の中にあっても、だれも動揺することがないようにするためでした。あなたがた自身が知っているとおり、私たちはこのような苦難にあうように定められているのです」（一～三節）とあります。パウロはテサロニケの迫害のことを聞いて、本当に心配しました。そのことのために信者が堕落するかもしれないと気遣い、テモテをすぐにテサロニケに遣わします。けれどもテモテはそこに行って、テサロニケの信者の信仰が強いのを見ました。「あなたがたのところにいたとき、私たちは前もって、苦難にあうようになると言っておいたのですが、あなたがたが知っているとおり、それは事実となりました。そういうわけで、私ももはや耐えられなくなって、あなたがたの信仰の様子を知るために、テモテを遣わしたのです。それは、誘惑する者があなたがたを誘惑して、私たちの労苦が無駄にならないようにするためでした。ところが今、テモテがあなたがたのところから私たちのもとに帰って来て、あなたがたの信仰と愛について良い知らせを伝えてくれました。また、あなたがたが私たちのことを、いつも好意をもって思い起こし、私たちがあなたがたに会いたいと思っているように、あなたがたも私たちに会いたがっていることを知らせてくれました。こういうわけで、兄弟たち。私たちはあらゆる苦悩と苦難のうちにありながら、あなたがたのことでは慰めを受けました。あなたがたの信仰による慰めです。あなたがたが主にあって堅く立っているなら、今、私たちの心は生き返るからです」（四～八節）。

【一六節】

当時アテネは、全世界における学者と学問の中心地でした。そこは特に教育の進んでいた所であり、今日に至るまで教育のある人々はアテネの哲学やその他いろいろの書物を見ます。アテネはそんな所でしたから、そこの人々は喜んで真理を聴き、喜んで救いの道に耳を傾けたかというと、決してそうではありませんでした。アテネの教育ある人々はちょうど現代の学者のように、真理と真の神様を求めませんでした。パウロは「町が偶像でいっぱいなのを見て、心に憤りを覚えた」とあります。町は偶像の盛んな所で、その時代のある人は、アテネの人の数よりも神の数が多いと言いました。そこら中に偶像が建てられ、町の中にも家の中にもありました。その偶像はきわめて立派に彫刻されたもので、真に美術の傑作と言うべきものであり、今日に至るまでこんなに上手に石を彫刻する者はいないといわれます。今日でもヨーロッパの都にある美術の傑作は今作ったものでなく、二千年前にアテネで作られたものです。アテネはそういう所でした。

パウロは教養のある人でしたから、そうした文明を重んずる人でもありました。けれどもそんな美しい建築物と美術を見たときに、心の中にどういう感情が起こったかというと、「心に憤りを覚え」たのです。そんな物のために人が神様を離れて、かえって目に見えるものばかりを喜んでいることを見て嘆きました。これは主イエスと同じ心です。マタイの福音書二四章において弟子が宮の構造を見せようとしたときに、「すると、イエスは弟子たちに言われた。『あなたがたはこれらの物すべてを見ているのですか。まことに、あなたがたに言います。ここで、どの石も崩されずに、ほかの石の上に残ることは決してありません』」（二節）。未来のことを見、この立派な建築物が人々の罪のためにみな崩れてしまうと知り、心をいたく痛められました。

聖霊は人の心にこういう痛みを起こされます。ペテロの手紙第二、二章八節を見ると、ロトもこういう心をもっていたことがわかります。「この正しい人は彼らの間に住んでいましたが、不法な行いを見聞きして、日々その正しい心を痛めていたのです。」ルカの福音書一九章四一節も見てください。これは真に主イエスの心でした。「エルサレムに近づいて、都をご覧になったイエスは、この都のために泣いて、言われた。」そこからエルサレムの宮殿を見れば、実にきれいなものでした。主は心から町とその民を愛しておられました。けれども今これを見て、そのために泣かれました。

聖霊が私たちの心の中にもこういう心を起こしてくださることを願います。これは伝道者の心です。こういう心がなければ真の伝道はできません。こういう心があれば、どこにおいても、機会があってもなくても、福音を宣べ伝えようとします。

【一七節】

ですからパウロは安息日には、「会堂ではユダヤ人や神を敬う人たちと論じ」、安息日と安息日との間は「広場ではそこに居合わせた人たちと毎日論じ合った」のです。どこでも「そこに居合わせた人たちと毎日」、だれに向かっても福音を宣べ伝えました。何を宣べ伝えたかというと、一八節の終わりにあるように、「イエスと復活を宣べ伝えていた」のでした。

このときにいくらかの成功がありました。コリント人への手紙第一、一六章一五節にあるように、「ステファナの一家はアカイアの初穂で」したから、きっとこのときに救われたのでしょう。

【一八節】

「エピクロス派とストア派の哲学者たちも何人か、パウロと議論していたが……。」エピクロス派の人々は自分の快楽のために生活しなければならないと論じて、自分の快楽を第一の目的としていました。ストア派の人々は自分の力で心を統べ治めることができると論じて、自分の義をもって大いに高ぶっていました。パウロはこういう人たちよりもむしろ自分の罪を感じている人々に福音を伝えることを願ったことでしょう。主イエスが福音を宣べ伝えたときにも、パリサイ人やサドカイ人たちよりも罪人の多くが神の国に入りました。

【一九〜二一節】

「そこで彼らは、パウロをアレオパゴスに連れて行き……。」アレオパゴスは、当時の大学のようなところでした。肉に属する伝道者は、そのように学者の丁寧な願いを聞けば、心の中で大いに喜び、その大学に入って、そこで神の存在について論じるかもしれません。けれどもパウロはそういう人ではありませんでした。それよりもむしろ迫害に遭って、ピリピの牢の奥につながれることを願ったでしょう。学者に導かれてアテネの大学に行くよりも、鞭を受けて血の流れることを願ったでしょう。アテネの学者たちには真に聞きたい心がありませんでした。彼らは真面目に救いの道を求めるわけではないので、救われる望みがありません。けれども、パウロがピリピで迫害に遭ったときには、それゆえに救われる者が起こりました。

【二二節】

「パウロは、アレオパゴスの中央に立って言った。」偶像に仕える者の中に立ち、これまで福音を聞いたことのない人々の中に立って、いま説教します。

これは私たちの手本となる説教です。私たちもそうした人々と会って神様のみことばを宣べ伝えることがありますから、この説教をよく調べたいものです。パウロはきっとこの人々のために心を傷め、重荷を負って、その人たちの心を刺し、光を与えたいと願ったでしょう。そのために聖霊に導かれて、その人々を救いに導くために、このような説教をしました。私は以前に日本にいたとき、たびたび出雲の村々を巡回して、この説教を繰り返しました。

このパウロの説教の順序をよく調べてください。第一に二二節以下で、パウロは彼らに対する共感を表しました。宗教心のある人々であることを見て、共感を表し、彼らの心を引こうとしました。「アテネの人たち。あなたがたは、あらゆる点で宗教心にあつい方々だと、私は見ております」と。

【二三節】

「道を通りながら、あなたがたの拝むものをよく見ているうちに、『知られていない神に』と刻まれた祭壇があるのを見つけたからです。そこで、あなたがたが知らずに拝んでいるもの、それを教えましょう。」会衆の心の中に宗教心があり、また神を敬う考えがあったので、今パウロはそれに訴えて、真の神様が存在することを語り、またはっきりと神様の御旨を伝えます。

【二四〜二五節】

二四節から見てみましょう。パウロはこの学者たちに対して神の存在を論じたでしょうか。この人たちは無神論者でした。神が存在することをまったく拒否していた人たちでしたから、パウロはまず初めに神の存在を論じたでしょうか。いいえ、彼はそれについて論じていません。初めから神の存在を前提として説教しています。私たちは議論や理屈を言うことによって人の心を引くべきではありません。

神様はどういうお方かというと、第一にさまざまな物をお造りになった方です。「この世界とその中にあるすべてのものをお造りになった神は、天地の主です。」ですから今でもすべてのことを統べ治めておられます。神様は初めにすべての物を造り、また今に至るまで天地の主としてすべての物を統べ治めておられます。私たちのために太陽や月を輝かせ、私たちのために毎年毎年収穫を与えてくださいます。この神様は人の「手で造られた宮にお住みにはなりません」。

　また、この神様は「何かが足りないかのように、人の手によって仕えられる必要もありません」（二五節）。ですからいつでも与えようとなさいます。人から得たいとは思われません。恵みの倉を開いて、栄光の富にしたがって喜んで与えてくださいます。これは、人の作った宗教と真の宗教が違っているところです。人の作った宗教は、神に何か物を与えれば、神のために何か苦行をすれば、それによって神を喜ばせるので、それで神は恵みを与えてくれるというものです。けれども真の宗教はそうではありません。神様には少しの乏しいところがなく、いつでも愛のために喜んで、罪人にさえも恵みを与えてくださいます。それゆえ砕かれた心をもって神様に近づけば、神様のいのちも、美しい恵みもいただくことができます。

「人の手によって仕えられる必要もありません。」　神様と人間の関係でいえば、この神様はすべての人を造り、私たちも神様の御手で造られたものですから、当然、親しい関係があります。自然にできたものではなく、神様ご自身が造ったものですから、いつまでも私たちに共感し、私たちを愛してくださいます。神様が造ったので、いつまでも私たちを統べ治めてくださいます。

【二六節】

「神は、一人の人からあらゆる民を造り出して、地の全面に住まわせ、それぞれに決められた時代と、住まいの境をお定めになりました。」神様は国々に地を与え、幸福な時を下さいました。当時アテネは最も繁栄を極め、幸福な時でしたが、これは神様の賜物でした。

人はみな一つの血によって造られたものですから、人類はみな一つの家族です。ですからそれぞれの国で別々に異なる神を敬うべきではありません。みなひとりの王、ひとりの創造主、ひとりの父なる神に従わなければなりません。

【二七～二九節】

神様は二六節のように親切に人間を扱ってくださり、「もし人が手探りで求めることがあれば、神を見出すことも」あるのです。これは神様の願いです。神様は、人間がご自分を知り、ご自身を求めることを願われます。それゆえ私たちは活《い》ける神を知ることができます。その道は困難なものではありません。これは神様の御旨にかなうことですから、神様は必ず人を助けて光を与え、ご自分を見つけさせてくださいます。

それゆえ神様を求める者は、神様が近くにおられることを知ります。「神は私たち一人ひとりから遠く離れてはおられません。」もし心の中で神様が遠ざかられたように感じたとしても、決してそんなことはありません。神様は最も罪深い者の近くにもいてくださいます。神様はそういうお方ですから、二四節の終わりにあるように、この神様のために宮を造ることは理に合わないことであり、二九節のように、この神様のためのために偶像を造るのは間違ったことなのです。これは人間の間違い、また罪で、神様の御旨を痛めることです。けれども、三〇節によれば、神様はその間違いを見過ごしておられました。

【三〇節】

神様はこれまでの間違い、またこれまでの罪を赦して見過ごしていましたが、いま悔い改めをお命じになります。私たちは福音を宣べ伝えるときに、明らかに「今」ということを宣べ伝えなければなりません。いま悔い改めなさい、と命じなければなりません。神様は「今はどこででも、すべての人に悔い改めを命じておられます」。このときパウロを通して、アテネの会衆に向かって、無神論を唱える学者にも、神を敬う一般の人々にも、悔い改めをお命じになります。

悔い改めは、恵みを受ける道、慰めを受ける道であるだけでなく、神様の命令でもあります。自分の心に任せ、神の命令に従っても従わなくてもよいというようなことではありません。各自が好きにして良いことではなく、すべての人に対する神様の命令です。福音を宣べ伝えることは、神様の命令を宣べ伝えることです。神様が人間に対して要求なさったことです。私たちはこのことを覚えて、この心をもって福音を宣べ伝えなければなりません。

【三二節】

なぜ早く悔い改めなければならないかというと、さばきが近く、その時には、みな神の前に出てさばきを受けなければならないからです。神様はさばきの日をすでにお定めになりました。毎日毎日その日に近づいています。どうやってそれを知るかというと、神様はある一人の人を死よりよみがえらせ、それによってさばきの日が定められたことを明らかに証拠だてられました。実に神様が主イエスをこの世にお降しになったことは、失われた世の人々に対する最後の伝達でした。

マルコの福音書一二章六節を見てください。「しかし、主人にはもう一人、愛する息子がいた。彼は『私の息子なら敬ってくれるだろう』と言って、最後に、息子を彼らのところに遣わした。」 ですから、これは最後の手段でした。人間がそれを拒めば、もう仕方ありません。罰せられなければなりません。ヘブル人への手紙一章二節に、「この終わりの時には、御子にあって私たちに語られました」とあります。神様がご自分の御子にあって私たちにお告げになった以上、これは最後のお勧めです。私たちはそれを覚えて、厳粛に悔い改めと福音を宣べ伝えなければなりません。これを受け入れなければ、その人には救いの望みはなく、未来のさばきを待つだけです。神様はそのさばきの時を決めておられます。

以上、パウロはここで三つのポイントについて説教しました。第一に、活《い》けるひとりの神。第二に、さばきの主。第三に、よみがえられた主イエスについてです。

未来においてだれでも必ず、よみがえられた主イエスの前に立たなければなりません。それゆえ今すぐにその主イエスと和解して罪の赦しを得ることが大切です。

【三二〜三四節】

アテネの人々はどういう心をもってこの厳粛な言葉に接したでしょうか。「ある人たちはあざ笑」いました。今でもある人は嘲ります。また「ほかの人たちは『そのことについては、もう一度聞くことにしよう』と言った。」第二の人は、いま悔い改めて救いを求めようとはせず、またいつか聞いてみようと時を延ばします。今日もこうした人がたくさんいます。第三に、ある人は信じて救われます。「ある人々は彼につき従い、信仰に入った」（三四節）。

パウロはこのときに心を非常に痛めて熱心に神様の真理を伝えました。多くの者は心を頑なにして嘲ったり、冷淡に聞き流したりして信じませんでしたが、そんな時でも救われた者がいました。神様はこれによってパウロを慰めてくださいました。

パウロはここでは迫害を受けていません。みな終わりまで丁寧に聞きました。ピリピで受けたような鞭を受けず、その背に傷も受けませんでした。けれどもその話を聞いても悔い改めて救いを求めることはしませんでした。それでパウロは失望のうちに、この地を去りました（三三節）。

ピリピでは先に大きな迫害を受けて、ほとんど殺されそうになりましたが、そのピリピにはいつでも行きたい心をパウロはもっていました。けれどもこのアテネに対してはそんな心がありません。ここでは身体は無事でしたが、再びここに行きたいという願いは起こりませんでした。この人々が神様の厳粛なみことばを拒んだので、彼は足の塵を払って、ここを去りました。これは伝道者の心です。伝道者は迫害や困難、あるいは死ぬことさえ恐れません。けれども人が神様の使命を嘲るなら、身体は安全でもそこを去らなければならないのです。

第一八章

35　コリントにおける反対と成功

【一節】

「その後、パウロはアテネを去って……。」　一七章の終わりで、ある人々は「そのことについては、もう一度聞くことにしよう」（三二節）と言いましたが、パウロはアテネを離れたので、彼らはその機会を失いました。神様が今と勧めてくださったときにそれを拒み、心を留めて福音を聞かなかったので、その機会を逸してしまったのです。パウロはもう一度彼らに話を聞かせず、アテネを離れてコリントに行きました。

コリントに行ったときにどういう心をもって行ったかというと、コリント人への手紙第一、二章一節以下を見てください。「兄弟たち。私があなたがたのところに行ったとき、私は、すぐれたことばや知恵を用いて神の奥義を宣べ伝えることはしませんでした。なぜなら私は、あなたがたの間で、イエス・キリスト、しかも十字架につけられたキリストのほかには、何も知るまいと決心していたからです。」こういう心をもって行きました。

アテネではひょっとするといくらか哲学者の心に合うようにと思って説教したかもしれません。けれどもいまコリントに行ったときには、ただ十字架のみを話すように決心しました。またどういう様子でコリントにいたかというと、その続きを見てください。「あなたがたのところに行ったときの私は」、大胆に、権威ある強い言葉をもって臨んだでしょうか。いいえ、聖霊に満たされたこの使徒は「弱く、恐れおののいていました」。私たちも時として恐れおののきますが、弱い私たちだけでなく、この大使徒さえもそのような思いをもってコリントに行きました。「そして、私のことばと私の宣教は、説得力のある知恵のことばによるものではなく、御霊と御力の現れによるものでした。それは、あなたがたの信仰が、人間の知恵によらず、神の力によるものとなるためだったのです」（以上、一〜五節）。

ですからパウロは、人間の知恵と世に属する力を用いることを恐れました。そんなものを用いれば、新しい信者の信仰は弱い基礎の上に立てられてしまいます。パウロは、ただキリストとその十字架を宣べ伝えて、信者の信仰を神様の力の上に立たせようとしました。

【二節】

アキラとプリスキラの二人は、近ごろローマから退去させられた者たちです。おそらくその財産を失い、苦しみのうちにコリントに来たのでしょうが、それがかえって幸いとなりました。神様は愛をもって彼らを顧みてくださいました。二人はそこでパウロに会い、パウロを自分の家に泊めることができ、それによって恵みを味わうとともに楽しい愛の交わりを結ぶことができました。神様の摂理は実に賛美すべきです。

私たちもときとして信仰のために損失を受けます。あるいは退去させられるようなことがあるかもしれません。けれども神様はそれに反して大きな報いを与えてくださいます。

おそらくパウロがこの二人を聖霊の恵みに導いたのでしょう。アキラとプリスキラは一緒にこれを求めて、新たに深い恵みを受けることができました。

【三節】

「自分も同業者であったので、その家に住んで一緒に仕事をした。彼らの職業は天幕作りであった。」これは興味深い記述です。コリントは当時教育の進んでいるところで、たいへん賑やかで富んでいて、きわめて奢《おご》った風俗の町でした。そんなところへ伝道に行くのであれば、立派な生活をして、高水準の教育を示して宣べ伝えるべきではないかと思われますが、パウロはそんなことに依り頼まず、ここへ伝道者として来たときには、身分の低い一労働者として赴き、自分の手で労働して、自分の生活費を稼ぎました。そして、ただ神様の力に依り頼み、少しも世に属する権力に頼ろうとしませんでした。あるときには第三の天にまで挙げられたこの大使徒は、今は自分を低くし、生活のために自分で天幕を製造しています。

これは私たち伝道者のための良い模範です。私たちはたびたび教育の力や社会の権力に依り頼みがちですが、人の目の前では身分の低い姿であっても、神様の力に頼んでいれば、その伝道は必ず成功します。

【四節】

「パウロは安息日ごとに会堂で論じ、ユダヤ人やギリシア人を説得しようとした。」

先に読んだコリント人への手紙第一、二章で、どういう言葉を用い、どんな心をもって説教したかを見ました。

【五節】

「シラスとテモテがマケドニアから下って来ると……。」　一七章一五節で学んだように、パウロはシラスとテモテをベレアにとどまらせ、後からアテネに来るように頼みました。またおそらく彼らは後からアテネにやって来たのでしょう。けれどもアテネに着くと、すぐテモテをテサロニケに送りました（Ⅰテサロニケ三・一〜三）。ですからテモテは一度アテネに来たわけです。パウロは自分の慰めのために彼が来ることを願いましたが、テサロニケの信者のことが重荷になって、すぐさまテモテをそこへ遣わしたのです。そのときに自分の伝道、すなわちコリントの伝道のために大きな心配がありましたが、他のところにいる信者のためにも重荷を負っていたので、喜んで愛する弟子をそこに遣わしたのです。けれども今このときに、テモテがもう一度パウロのところへやって来ました。

そのときパウロは伝道に心を注ぎ込んでいました。人々のために大きな重荷を負い、心の中は燃えていました。一七章一六節で一人アテネにいたときに、心を痛め、町の人々のために重荷を負い、魂に向かう愛に燃やされ、兄弟たちと共になおいっそう熱心に働きました。

ここに「専念し」とあります。これは私たちの祈りの問題とならないでしょうか。私たちもこれを願わなければなりません。コリント人への手紙第二、五章一四節にも同じ原語が記してあります。「キリストの愛が私たちを捕らえているからです。」この「捕らえている」という言葉は、原語では「専念する」と同じ語です。ルカの福音書一二章五〇節にも同じ語があります。「わたしには受けるバプテスマがあります。

それが成し遂げられるまで、わたしはどれほど苦しむことでしょう。」「苦しむ」と訳されている語です。

キリストの心の中にも同じ経験がありました。パウロはこの二つの箇所にあるように、その心はキリストの愛に励まされ、人々を救いに導くために大きな心の痛みを持っていたのです。

【六節】

「しかし、彼らが反抗して口汚くののしったので、パウロは衣のちりを振り払って言った。『あなたがたの血は、あなたがたの頭上に降りかかれ。私には責任がない。今から私は異邦人のところに行く。』」パウロはついにここを去りました。ですから福音を断る人、神に背く人は、もはや福音を聴くことができません。神様は喜びの知らせをこういう人から取り去られます。豚の前に真珠を投げ与えないほうが良いのです。

パウロはエゼキエル書三三章の言葉を思い出して、「あなたがたの血は、あなたがたの頭上に降りかかれ」と言いました。「次のような主のことばが私にあった。『人の子よ、あなたの民の者たちにこう告げよ。「わたしがある地に剣をもたらすとき、その国の民は自分たちの中から一人を取り、自分たちの見張りとする。さて、その人が、剣がその地に来るのを見て角笛を吹き鳴らし、民に警告を与えた場合、角笛の音を聞いた者が警告を聞き入れないなら、剣が来てその者を討ち取るときに、その血の責任はその者の頭上にある。角笛の音を聞きながら警告を聞き入れなければ、その血の責任は彼自身にある。しかし、警告を聞き入れていれば、その者は自分のいのちを救う』」(二～五節)。

パウロは忠実にラッパを吹きました。けれどもこの人たちは聞きませんでした。忠実に力を尽くして戒めました。忠実にみことばを宣べ伝えました。聖霊の力に依り頼んで宣べ伝えましたが、人々はこれを聞かなかったので、「あなたがたの血は、あなたがたの頭上に降りかかれ」という恐ろしい宣告を下しました。

「私には責任がない。」パウロは、私はきよい、あなたがたの血とは関係がないと言うことができました。二〇章二六節で、もう一度同じことを言っています。「ですから、今日この日、あなたがたに宣言します。私は、だれの血に対しても責任がありません。」こういうことを言えれば幸いです。けれどもある人は十分に力を尽くさず、聖霊の力を得ずに、ただいくらか伝道しただけでこのように言いますが、これは大きな間違いです。パウロは聖霊の力をいただき、それに依り頼んで力を尽くして福音を宣べ伝えた後に、こう述べたのです。

【七節】

「そして、そこを去って、テティオ・ユストという名の、神を敬う人の家に行った。その家は会堂の隣にあった。」ついにそこを離れ去りました。ときには頑なな人々のところを離れるのも、みこころにかなうことです。神様はそうした人たちに恵みの福音を宣べ伝えることをお続けになりません。

【八節】

「会堂司クリスポは、家族全員とともに主を信じた。また、多くのコリント人も聞いて信じ、バプテスマを受けた。」この会堂司とその家族は、この地における初めの実です。クリスポについては、コリント人への手紙第一、一章一四節を見てください。パウロはこの人には自分でバプテスマを施しました。「私は神に感謝しています。私はクリスポとガイオのほか、あなたがたのだれにもバプテスマを授けませんでした。」クリスポが救われると、すぐ別の会堂司が立てられました。一七節にソステネという人がいます。クリスチャンとなったクリスポを追放して、他の人を会堂司としたのです。

【九節】

「ある夜、主は幻によってパウロに言われた。『恐れないで、語り続けなさい。黙ってはいけない。』」　主は親しくパウロに近づき、彼の心を励ましてくださいました。そのときパウロは大胆さをいくらか失っていたのかもしれません。これまでのことを考えると、それも無理がないことです。一六章二三節でピリピにおいて鞭打たれて牢に入れられ、一七章五節以下においてテサロニケで迫害されて逃げなければならなくなり、また同じ章の一三節においてもベレアで迫害されて、もう一度生命を救うためによそに逃げなければならなくなり、三二節を見ると、アテネでは嘲られたとあります。失望するのも無理はありません。それで主が近づいて親しく励ましてくださいました。

この九節に、三つの勧めがあります。第一に、「恐れないで」。パウロの心の中にいくらか恐れが起こったかもしれないので、神様はこう勧められました。恐怖は伝道の妨げとなるからです。第二は、「黙ってはいけない」です。後にパウロはこのことについて祈りを求めています。コロサイ人への手紙四章三～四節、「同時に、私たちのためにも祈ってください。神がみことばのために門を開いてくださって、私たちがキリストの奥義を語れるように祈ってください。この奥義のために、私は牢につながれています。また、私がこの奥義を、語るべき語り方で明らかに示すことができるように、祈ってください」。パウロはこのように大胆に神の奥義を言い表す力を求めました。第三に、「語り続けなさい」。時が良くても悪くても道を宣べ伝えなければなりません。

【一〇節】

「わたしがあなたとともにいるので、あなたを襲って危害を加える者はいない。この町には、わたしの民がたくさんいるのだから。」この節には、主が励ました、もう三つの理由があります。

第一に、「わたしがあなたとともにいる」からです。主が共にいてくださるならば、これは豊かな財源です。第二に、「あなたを襲って危害を加える者はいない」からである、ということです。神様が絶えず守ってくださることです。神様は私たちの周囲に火の垣となって守ってくださいます。第三に、「この町には、わたしの民がたくさんいる」からです。それゆえ必ず成功します。今は反対する者が多くいても、その中から主に捕らえられる者は多いと主はおっしゃいます。列王記第一、一九章一八節を見ると、神様はエリヤに同じことを言って、彼の信仰を起こしたことがわかります。「しかし、わたしはイスラエルの中に七千人を残している。これらの者はみな、バアルに膝をかがめず、バアルに口づけしなかった者たちである。」

私たちもこの一〇節を深く味わって、それによって自分の伝道心を励まされたいものです。

【一一節】

「そこで、パウロは一年六か月の間腰を据えて、彼らの間で神のことばを教え続けた。」おそらくこの間にテサロニケ人への手紙第一、第二を書き送ったと思われます。一年半の間、迫害の中で伝道していました。これは真の忍耐です。真の信仰です。一〇節の約束に依り頼む信仰があったから、それができたのです。これは真の主の働きでした。忍耐と信仰と主の働き。聖霊に満たされた伝道者は、いつでもそのように働きます。またそうすることで必ず成功します。後にパウロはこの地にコリント人への手紙第一、第二を送ったほどですから、この時の働きは大きな結果をもたらしました。

コリント人への手紙第二、一章一節を見ると、「コリントにある神の教会、ならびにアカイア全土にいるすべての聖徒たちへ」とあるので、その周囲の地域にも多くの信者が起こったことがわかります。コリントの港はコリントから十キロほど離れたケンクレアにありましたが、ローマ人への手紙一六章一節に「ケンクレアにある教会」という言葉があるので、パウロはこのとき、ただコリントの町だけではなく、その周囲の町や村にも、ケンクレアの港にも福音を宣べ伝えたことがわかります。どこにおいても救われる者がいました。

パウロは一〇節で神様の約束を受けて、襲って危害を加える者はいないと確信しましたが、神様はその約束のとおりに守ってくださいました。一二～一六節に、その一例を見ます。ここで主がどのようにしてその使者を守ってくださったかを知ることができます。

【一二節】

「ところが、ガリオがアカイアの地方総督であったとき、ユダヤ人たちは一斉にパウロに反抗して立ち上がり、彼を法廷に引いて行って……。」これまでもたびたび静かで密かないろいろな訴えがあったに違いありませんが、いま公に裁判所にパウロは訴えられました。

【一三節】

「『この人は、律法に反するやり方で神を拝むよう、人々をそそのかしています』と言った。」彼らは自らの悪い心を隠し、自分たちが神様のために熱心な信者のように装い、善人のふりをしてパウロを訴えていきました。

【一四～一六節】

「パウロが口を開こうとすると、ガリオはユダヤ人に向かって言った。『ユダヤ人の諸君。不正な行為や悪質な犯罪のことであれば、私は当然あなたがたの訴えを取り上げるが、ことばや名称やあなたがたの律法に関する問題であれば、自分たちで解決するがよい。私はそのようなことの裁判官になりたくはない。』」いま神様の力は不思議な摂理の中に現れました。ガリオは正しい裁判官でした。パウロに不正や悪質な犯罪などはなく、彼に関して悪いことは言えませんでした。ですから「彼らを法廷から追い出した」のです。

【一七節】

「そこで皆は会堂司ソステネを捕らえ、法廷の前で打ちたたいた。ガリオは、そのようなことは少しも気にしなかった。」ギリシア人はユダヤ人を普段から憎んでいました。いまユダヤ人はパウロを迫害して裁判所に訴えましたが、ガリオが彼らを追い出したので、ギリシア人はこのユダヤ人たちを迫害し、そのリーダーであったソステネを捕らえ、杖で打ちました。ガリオがこれを放任しておいたのは良くないことですが、パウロに対する処分は正しい判断でした。

ソステネはこのときにパウロを訴えて、かえってギリシア人たちから打ちたたかれましたが、後にパウロの親しい友となりました。コリント人への手紙第一、一章一節を見ると、パウロがこの手紙を送ったときにソステネが共にいたことがわかります。

ソステネはパウロの親しい友となり、一緒に旅行し、特にコリント人への手紙第一を書き送ったときには、一緒に認《したた》めていたようです。

ソステネがギリシア人から迫害されて打ちたたかれたときに、パウロが走って行って彼を助けたのかもしれません。それについては何も書いてあるわけではありませんが、パウロの性格から考えてみると、そうしたことが想像できます。パウロはソステネから迫害されましたが、今ソステネが迫害されるのを見て、進んで彼を助け、ギリシア人の手から彼を救い出したのでしょう。そのことによってソステネは親しい友となったのでしょう。

【一八節】

「パウロは誓願を立てていたので、ケンクレアで髪を剃った。」 髪を剃ることは、誓願の時の終わりを表すものです。パウロはコリントにおいて非常な迫害と困難に出合ったので、おそらくその地の伝道のために特別に誓願を立てていたのだと思います。

民数記六章を見てください。一〜八節にナジル人《びと》の誓願のことが記してあります。イスラエル人は特別に自分を神にささげるときに、こういうことをしました。「主はモーセに告げられた。『イスラエルの子らに告げよ。男または女が、主のものとして身を聖別するため特別な誓いをして、ナジル人の誓願を立てる場合……。」 すなわち特別に身も魂もささげる時です。こういうときには特別に世に属することから離れました。たとえば三節によれば、ぶどう酒を少しも飲まず、五節にあるように決して頭にかみそりを当てず、六節にあるように死体に近づかず、葬式のようなところにも行きませんでした。

パウロはおそらくコリントでの戦いのために、このようなナジル人の誓願を立てていたのでしょう。もちろんいつでも身も魂もささげていたでしょうが、コリントの伝道は特に激しい戦いの時でしたから、この世のことを離れて神様のためにもっぱら力を尽くしたのです。この誓願はこういう特別な献身の外側のしるしでした。けれども今コリントの伝道が終わったので、髪を剃って誓願の時が終わったことを表しました。

【一九節】

「彼らがエペソに着くと、パウロは二人を残し、自分だけ会堂に入って、ユダヤ人たちと論じ合った。」おそらくこれはただ一晩だけの集会だったでしょうが、その話には真に力があったので、二〇節にあるように、人々は彼がもっと長くとどまることを願いました。

【二〇〜二二節】

「それからカイサリアに上陸してエルサレムに上り、教会にあいさつしてからアンティオキアに下って行った。」　この二二節の終わりでパウロの第二次伝道旅行が終わります。おそらくこの旅行は二、三年間の旅行だったのでしょう。パウロは今このときに五十三、四歳になりました。旅行を終えて、もとの教会のアンティオキアに帰り、しばらくそこにとどまりました。アンティオキアの信者はきっと喜んで彼を迎えたに違いありません。そうして彼の伝道の報告や霊の話を聞いて、大いに励まされ、そのことでアンティオキアに大きな恵みが降ったことと思います。

36　第三次伝道旅行

【二三節】

パウロはアンティオキアでしばらく休んだ後、三度目の伝道旅行に出かけました。今回は特に牧師の働きをしました。普段、巡回伝道者の働きをしましたが、今回は牧師の働きをして、各地の信者を励まし、新たな恵みを分け与えようとしました。ガラテヤおよびフリュギアの地を順に巡回してその働きをし、それについては何も書いてありませんが、至る所で恵みが降ったに違いありません。

後にパウロはこの地方の信者にガラテヤ人への手紙を書き送りましたので、この手紙によって当時のガラテヤの信者の霊的な状態をいくらか知ることができます。特別にその人たちが深い愛をもってパウロを迎えたことが、そこからわかります。

【二四節】

「さて、アレクサンドリア生まれでアポロという名の、雄弁なユダヤ人がエペソに来た。彼は聖書に通じていた。」アポロは特別な賜物をもっている人でした。聖書に精通し、しかも雄弁で、旧約聖書を詳しく知り、それを講義することができました。

【二五節】

「この人は主の道について教えを受け、霊に燃えてイエスのことを正確に語ったり教えたりしていた……。」小さなころから主の道の教えを受けた人で、新生した人であったに違いありません。また熱心な伝道者で、イエスのことを詳細に教えました。主イエスのことを知り、救いの道も知っていたに違いありませんから、ただ罪を捨てることだけでなく、主イエスの救いの道の初歩も宣べ伝えていたでしょう。この人は信徒だったようですが、実に熱心な伝道者でした。二六節を見ると、大胆さもあったことがわかります。

「ヨハネのバプテスマしか知らなかった。」すなわち、まだ聖霊のバプテスマを受けていませんでした。このように聖書をよく理解し、熱心に主イエスのことを宣べ伝えていても、聖霊の恵みを得ていないことがあります。ある人はこう言うかもしれません。「熱心に主イエスのことを宣べ伝えていれば何の不足もないので、聖霊のバプテスマは関係ない。受けても受けなくてもどうでもよい」と。今日、聖書に通じた伝道者で、ペンテコステの恵みを得ていない人が多くいます。けれども私たちはペンテコステの恵みを得なければなりません。

【二六節】

「彼は会堂で大胆に語り始めた。それを聞いたプリスキラとアキラは、彼をわきに呼んで、神の道をもっと正確に説明した。」これは真に主イエスの精神でした。天幕製造人のプリスキラとアキラは、熱心な学者であるアポロの説教を聞いたときに、この人はまだ聖霊の火と聖霊の力を得ていないとわかり、自分の家に招き、一緒に聖書を調べ、自分の証しをして共に祈りました。プリスキラとアキラは、このように手厚くアポロを歓迎しました。妻のプリスキラの名が先に書いてあるので、あるいは妻のほうが熱心に、また力をもってアポロに勧めたのかもしれません。とにかくアポロのために重荷を負って、一緒に祈ろうとしました。

D・L・ムーディが伝道を始めたときに、どこでも教会にいっぱいの聴衆が集まり、いつでも悔い改める者があって、成功を収めていました。ところが、あるとき集会に二人の女性が出席していて、ムーディがまだ聖霊のバプテスマを受けていないことを知りました。そこで、ムーディに向かって「あなたのために祈っています」と言うと、彼はこれに答えて、「私のためでなく、この多くの罪人のために祈ってください」と言いました。けれどもその女性たちは、「いいえ、あなたはまだ福音の力を得ていませんから、あなたのために祈ります」と答えました。ムーディはこの言葉によって自らの不足を感じ、ついに聖霊のバプテスマを求めて、これを得ることとなりました。神様はこの時から彼を大いに用いて、大きな働きをさせられました。

ちょうどそのように、このときにもプリスキラとアキラの二人はアポロを自分たちの家に招き、彼を聖霊の恵みに導くことができました。アポロはそれによって新しい力を得たのです。

【二七節】

アポロはコリントに行きましたが、そこにこの人によって大きな恵みが降りました。コリントの信者のうちのある人々は、アポロはちょうどパウロのような伝道者だと思いました。コリント人への手紙第一、三章四節を見ますと、コリントの教会内で「ある人は『私はパウロにつく』と言い、別の人は『私はアポロに』と言っている」とあります。それを見ても、アポロがパウロのような力をもって働きを続けることができたとわかります。アポロはこのように新たに大きな力を得ていたのです。

【二八節】

「聖書によってイエスがキリストであることを証明し、人々の前で力強くユダヤ人たちを論破したからである。」ですから彼は明らかな光をもっていました。また真に大胆さもありました。真の力もありました。この三つのもの、すなわち光と大胆さと力とを新しく得たわけです。

第一九章

パウロはこの時から三年間、アジア、特にエペソに伝道しました。一六章六節を見ると、この時から三、四年前はそこで伝道することを許されていなかったことがわかります。「それから彼らは、アジアでみことばを語ることを聖霊によって禁じられたので、フリュギア・ガラテヤの地方を通って行った。」けれどもこれはただこの時だけのことで、今は聖霊に導かれて三年間このアジアに伝道しました（二〇章三一節を見ると三年間だとわかります）。また特にこの一九章に、エペソのリバイバルのことを読みます。

【一節】

「アポロがコリントにいたときのことであった。パウロは内陸の地方を通ってエペソに下り、何人かの弟子たちに出会った。」この弟子たちは救われて主イエスのものとなった者で、すでに新生した者でしょう。おそらくアポロに導かれて信者になった者と思われます。

【二節】

「彼らに『信じたとき、聖霊を受けましたか』と尋ねると……。」この問いは新しく信者となった人に会ったときに、パウロがいつも尋ねたことだったのでしょう。信仰の状況、霊的な状況や立場を尋ねて、「あなたがたは信じたとき、聖霊を受けましたか」と尋ねました。その問いに対して明白な答えをも待ち望みました。ある人は聖霊を受けたと答えることができ、またある人はまだ聖霊を受けていないと答えます。いずれの場合でも、明白な答えがあるはずです。

「彼らは『いいえ、聖霊がおられるのかどうか、聞いたこともありません』と答えた。」これは、聖霊がこの世に降って、この世で働いておられることを聞いたことがなかったということです。

【三節】

「『それでは、どのようなバプテスマを受けたのですか』と尋ねると、彼らは『ヨハネのバプテスマです』と答えた。」パウロは、バプテスマの時に聖霊の名で受けていないかを尋ねました。けれども彼らはただヨハネのバプテスマを受けたと答えます。

【四節】

「そこでパウロは言った。『ヨハネは、自分の後に来られる方、すなわちイエスを信じるように人々に告げ、悔い改めのバプテスマを授けたのです。』」ですからヨハネのバプテスマを受けた者は、悔い改めて主イエスを信じるはずでした。おそらくパウロは続いて聖霊のことを説明し、ペンテコステの経験について証しし、またそれについて聖書を開いて講義しただろうと思います。

【五節】

「これを聞いた彼らは、主イエスの名によってバプテスマを受けた。」なぜ新たにバプテスマを受けたかは、私にはわかりません。ヨハネのバプテスマを受けた者はふつう改めてバプテスマを受けたりはしなかったでしょうから。主イエスの弟子たちはほとんどヨハネのバプテスマを受けた者でしたが、主イエスに従って行ったときに、改めて主の御手からバプテスマを受けなかったと思います。ですからこれが何のためであるかよくわかりませんが、とにかくこの人たちは改めてバプテスマを受けました。とにかくバプテスマの深い意味を考え、主イエスと共に死に、主イエスと共によみがえりました。このことによって主イエスの証人であると大胆に示しました。

【六〜七節】

「パウロが彼らの上に手を置くと、聖霊が彼らに臨み、彼らは異言を語ったり、預言したりした。」ただバプテスマだけでなく、按手礼も受けました。バプテスマによって主と共に死に、新たに身も魂もささげたことを示しましたが、按手礼によって新たに神様から恵みを受けました。どうやってこの人たちは聖霊を受けることができたかというと、二つのことによってです。第一に、身も魂もささげること。これは自分に死ぬことで、バプテスマの深い意味です。第二、神様から恵みを受けること。これは按手礼の意味です。第一に神様にささげ、次に神様から注がれることです。

「聖霊が彼らに臨み……。」これはおそらく初めてパウロに会ったその日のことであり、初めの集会で、集会の初めにはまだ聖霊が降ることとさえ知らなかったでしょう。けれども、その同じ集会の終わりに聖霊を受けました。

このことによって、私たちはどのようにして聖霊を受けることができるかがわかります。長く苦しんで罪を懺悔《ざんげ》しなければならないのではありません。長く祈らなければならないのでもありません。ペンテコステの日にすでに聖霊が降ったので、いま神様の恵みにより、信仰によって聖霊を受けることができます。今は聖霊の時代です。これまで聖霊のことをまったく知らなくても、いま信仰によって受けることができます。ですから私たちは、どこの信者に向かっても聖霊を受けるように勧めたいのです。神様はいま冷淡な信者にも、知識の浅い信者にも、また生ぬるい愛の信者にさえも、聖霊を注いでくださいます。

「彼らは異言を語ったり、預言したりした。」　聖霊の恵みを得た結果は、いつでも語ることです。今まではまったく証しができなかった人でも、聖霊を受ければ大胆に神様の恵み、救いのことを語るようになります。ほかの人々に救いのことを説明し、神様を賛美します。証しをもって、賛美をもって主イエスをほめたたえます。これは聖霊のバプテスマに伴うしるしです。

ここまで〝使徒の働き〟において五度、聖霊の降る記事を読みました。それによってどのような人が聖霊を受けることができるかがわかります。

第一、二章三八節、「それぞれ罪を赦していただくために、悔い改めて、イエス・キリストの名によってバプテスマを受けなさい。そうすれば、賜物として聖霊を受けます」。これまで主イエスを捨てていた敵でも、悔い改めて信じれば聖霊を受けることができます。

第二、八章一七節では、ユダヤ人から偏見の目で見られていたサマリア人も、信じることによって聖霊を受けたことを見ます。

第三に、一〇章四四節で、今まで異邦人であった者でも主イエスを信じて聖霊の恵みを受けたことを読みました。

第四に、九章一七節において、それまで聖霊に逆らい、聖霊を憂えさせていた人

（サウロ）も、信仰によって聖霊に満たされたことを見ました。
第五にこの一九章の六節で、ただ福音の恵みを十分に得ていなかった者も、いま信仰によって聖霊を得たことを読みました。
五つの例を深く考え、この例によって神様の真の恵みを知りたいものです。また血潮の力を知りたいものです。血潮の力によって、そんな人でもすぐに潔《きよ》められて聖霊の宮となることができます。
父のもとに帰った放蕩息子が美しい服を着せられ、非常に良い物を与えられたように、神様は、信じる者に格別に良い物を与えようとなさいます。私たちは、聖霊の恵みを受けるのには、クリスチャンとしての経験を長く積まなければならないわけではなく、成熟した信者となった後でなければならないわけでもありません。だれでも、いま信じるなら、ペンテコステの恵みを受けることができるのです。

【八～九節】

「しかし、ある者たちが心を頑なにして聞き入れず、会衆の前でこの道のことを悪く言った……。」太陽の光線によって蠟《ろう》は溶けますが、土は硬くなります。そのようにいま聖霊が働いてくださって、ある人は心が溶かされて悔い改めましたが、ある人々は反対にかえって頑なになりました。パウロは「毎日ティラノの講堂で論じ」ました。ですから毎日、集会が開かれたわけです。毎日人々に勧め、毎日人々を救いに導くことを願いました。

【一〇節】

大きな力がありました。パウロはこのとき、アジアのすべての町を巡回したのではありません。けれどもその伝道には力がありましたから、どこでも救いの道の噂《うわさ》が立ち、だれもがそれを聞きにやって来たために、「アジアに住む人々はみな、ユダヤ人もギリシア人も主のことばを聞いた」とあります。神様はそのとき特別な力を加えてくださいました。

【一一～一二節】

神様は特別な力を注いで、不思議な御業を表してくださいました。

「彼が身に着けていた手ぬぐいや前掛けを、持って行って病人たちに当てると、病気が去り、悪霊も出て行くほどであった。」けれどもこのときにパウロの力を真似する者も起こりました。聖霊がお働きになると、必ず悪の力も聖霊の働きの真似をします。いつでもそうです。そのために偽預言者や偽信者が起きることがあります。

聖霊の働きのあったときに、私たちは特にこれを恐れなければなりません。またこのことを覚えて、特に自らの心を省みたいものです。聖霊の働きを見ると、自分もそんな働きができると思って、大きな間違いを犯すかもしれません。ただ伝道上の外側の工夫だけを真似して、それによって同じ結果を得ようと思うならば、それは大きな間違いです。同じ結果を得たいのであれば、同じ聖霊の力を受けなければなりません。ですから、一三節以下の話は私たちにとってきわめて大切です。また適切なものです。

【一三〜一五節】

「ところが、ユダヤ人の巡回祈禱師のうちの何人かが、悪霊につかれている人たちに向かって、試しに主イエスの名を唱え、『パウロの宣べ伝えているイエスによって、おまえたちに命じる』と言ってみた。……すると、悪霊が彼らに答えた。『イエスのことは知っているし、パウロのこともよく知っている。しかし、おまえたちは何者だ。』」悪霊はこの人たちに向かって「おまえたちを知らない」と言いました。悪霊に知られることは幸いです。悪霊はパウロを知っていました。パウロは悪霊の手から多くの捕らわれ人を解放しました。悪霊はたびたびパウロに敗北したので、パウロをよく知っています。私たちもこのように悪霊に知られたいものです。

【一六節】

「そして、悪霊につかれている人が彼らに飛びかかり、皆を押さえつけ、打ち負かしたので、彼らは裸にされ、傷を負ってその家から逃げ出した。」悪霊が勝利を得ました。この一六節のことは今でもたびたび行われます。他の人の伝道を真似して、人々の心から悪霊の力を追い出そうとする伝道者が、このようにかえって自分の心の中に悪霊の力によって害を受けてしまうことがあります。悪霊はかえってそんな伝道者に打ち勝ちます。伝道者が悪霊に汚されて逃げ去らなければならないことになります。悪霊の手から人を救うことは恐るべき戦いです。浅い考えで人の言葉や働き方を真似して伝道に行ってはなりません。そういう働きは実に危ないのです。決して悪霊の手から魂を救い出すことはできません。決してその心から悪霊を追い出すこともできず、かえって悪霊がその伝道者を汚すかもしれません。

けれどもこの人々が主イエスの名を呼び、イエスのことを語った点には注意してください。聖霊の力をもっていないのに主イエスの名を用いることは危険です。力がないのにただ真理を宣べ伝えることは、かえって危険です。伝道に出れば、生きた敵がいます。私たちはこのことを感じなければなりません。伝道者は医者のような務めではありません。医者は病人を治しますが、自分がその病気にかかることはあまりないでしょう。けれども伝道者はそうではありません。生きた敵に向かって戦うのですから、その敵に打ち勝たなければ、かえってその敵のために傷をつけられます。恐ろしい戦いですから、絶えず主の召しを感じ、絶えず祈りをもって、絶えず主と共に、伝道に出なければなりません。そのようにして出て行くとき、悪霊に勝利を得て、罪人の心から悪霊の力を追い出すことができます。

【一七節】

このことが知れ渡って、大きな結果が生まれました。四つの結果を見てください。

第一に「みな恐れを抱き」。人々の心に恐れが生じました。私たちは、救われていない人たちのために、このことを熱心に祈らなければなりません。その人たちの心の中に神様への畏れ（恐れ）が起これば、救いの道を求めてくるようになります。

第二に「主イエスの名をあがめるようになった」。これまで、エペソにいる人々は主イエスの名を軽蔑していたかもしれません。ユダヤの国で死刑を宣告された罪人として軽蔑していたかもしれません。これはパウロの心の憂いでした。愛する主がこのように軽蔑されているのを見て、どんなに嘆いたことでしょうか。けれども今イエスの名があがめられました。

第三に、クリスチャンが悔い改めました。

【一八節】

「信仰に入った人たちが大勢やって来て、自分たちのしていた行為を告白し、明らかにした。」　信者の悔い改めは信者でない人たちの悔い改めよりも大切であるかもしれません。ウェスレーの説教の中に信者の悔い改めのものがありますが、彼は力をもって信者の悔い改めを一生懸命に説きました。信者が悔い改めれば、それがリバイバルの発端となります。ウェールズのリバイバルも、中国のリバイバルも、みな信者の悔い改めから始まりました。

第四に、それまでの汚れたものを捨て去りました。

【一九節】

「また魔術を行っていた者たちが多数、その書物を持って来て、皆の前で焼き捨てた。その値段を合計すると、銀貨五万枚になった。」この大きな金額を惜しまずに、主のために、きよめのために、こうした汚れた書物をきっぱりと焼き捨てました。これらの書物はそれまでの汚れた生涯の遺物、これまでの罪のしるしでしたから、それを憎み、主の前にきっぱりとそれを焼き捨てました。

私たちもこういう態度をもっていなければなりません。たとえば、いま私たちの書物の中に、あるいは私たちの持ち物の中に、以前に犯した罪の痕跡が残っているのならば、惜しまず、神様の前にきっぱりとそれを捨てなければなりません。このようにクリスチャンは偶像信仰のしるしを完全に捨てるはずです。ただ偶像だけでなく、そのほか汚れた物もいっさい捨てて、それによって外側の生涯をきよめなければなりません。
後にパウロはこのエペソの信者に手紙を送りましたが、そこには他の手紙よりも深い真理が書いてあり、高い恵みが記してあります。パウロがなぜこういう高い恵み、深い真理を書き送ることができたかというと、ここの信者はそうした深い恵みをわきまえることができ、信じることができたからです。そしてその心はどこから起こったかというと、潔《きよ》さを慕って悔い改めたからです。この一九章に書いてあるように悔い改めを実行したので、悟りを得、神様の深い恵みを味わうこともできるようになりました。またそのように自分の心の中にそうした結果が起こっただけでなく、二〇節を見ると、その結果がそのあたり全体に及んでいることもわかります。

【二〇節】

「こうして、主のことばは力強く広まり、勢いを得ていった。」福音が勝利を得ました。ただ数名の信者ができただけでなく、一般の人々の心を感じさせ、その心の中に神様への畏れが起こりました。これは真の勝利です。真のリバイバルの始まりです。このように福音が勝利を得ることを信じて祈らなければなりません。

【二一節】

「これらのことがあった後、パウロは御霊に示され、マケドニアとアカイアを通ってエルサレムに行くことにした。そして、『私はそこに行ってから、ローマも見なければならない』と言った。」これは一大決心です。「ローマも見なければならない」に線を引いてください。これは非常に大切なところです。この二一節から〝使徒の働き〟の終わりまでは、どのようにしてこの決心が成就されたかについて書かれた記事です。

主イエスの伝記においても同じことを見ます。ルカの福音書九章五一節は同じようなところです。「さて、天に上げられる日が近づいて来たころのことであった。イエスは御顔をエルサレムに向け、毅然として進んで行かれた。」この時から主はエルサレムに行く道をお踏みになりました。これは主イエスの生涯の転換点でした。主イエスのそれまでの三年間の伝道は、そこまでの初めの九章の中に記されていますが、この時からエルサレムに行きつつある間の伝道と、その生涯の終わりの記事は一〇章から終わりまでの十五の章に記してあります。

「ローマも見なければならない。」パウロの心の中には、それほどの大胆さがありました。ローマに行って、そこで福音を宣べ伝えることは実に困難です。そこの伝道は非常な戦いです。けれどもそのために身をささげました。ローマ人への手紙一章一四節を見ると、どういう心をもって行ったかがわかります。「私は、ギリシア人にも未開の人にも、知識のある人にも知識のない人にも、負い目のある者です。ですから私としては、ローマにいるあなたがたにも、ぜひ福音を伝えたいのです。私は福音を恥としません。福音は、ユダヤ人をはじめギリシア人にも、信じるすべての人に救いをもたらす神の力です」（一四〜一六節）。この言葉を考えると、パウロの心の中にいくらか恐れがあったようです。けれども主の愛に励まされて、喜んでローマへも主のために行きたかったのです。

ローマ人への手紙一五章二三節を見てください。「しかし今は、もうこの地方には私が働くべき場所はありません。」この地方とはアジア、すなわちエペソ地方のことです。エペソにリバイバルが起こり、神の火が燃え立っていますから、もはやこの地には伝えるべき所がありません。ですから「また、イスパニヤに行く場合は、あなたがたのところに立ち寄ることを長年切望してきたので……」。こういう考えをもってパウロはこの一大決心をしました。この旅行は、二一節にあるように、マケドニア、アカイア、エルサレム、ローマという順序を心の中に決めていたようです。

【二二節】

このアジアにとどまっている間にコリント人への手紙第一を書き送りました。

前節で、聖霊の一般的な働きについて見てきました。エペソにおいて聖霊は著しく働いてくださいました。また、そのために悪霊も働きました。二三節以下を見ると、容易ではない騒動が起こったとあります。いつでもこのとおりで、リバイバルが起これば必ず迫害も起こります。

私たちはリバイバルのために祈りますが、このことを深く記憶していなければなりません。リバイバルのために祈ることは、一面から言えば危険なことです。これは迫害や困難を願うのと同じことです。けれどもリバイバルのために重荷を負って祈る者は、いつでも兵士らしい心をもっていますから、迫害と苦痛があってもリバイバルを願います。どんな苦しみがあっても、どんな危険なことが起こっても、身も魂もささげて、聖霊の働きを見たいのです。これは祈る者の真の心です。

【二三節以下】

「そのころ、この道のことで、大変な騒ぎが起こった。」大きな騒動が起こりました。ここにはその騒動の一つだけを記してありますが、それは大変なものでした。コリント人への手紙第一、一五章三二節を見ると、「もし私が人間の考えからエペソで獣と戦ったのなら」とありますが、それはこの時のことでした。獣と戦うような騒動が起こったのです。ですから、この〝使徒の働き〟に記されていない大きなこともあったわけです。

アキラとプリスキラが特に命をかけてパウロを助けたのは、あるいはこの時だったのかもしれません。ローマ人への手紙一六章三〜四節に、「キリスト・イエスにある私の同労者、プリスカとアキラによろしく伝えてください。二人は、私のいのちを救うために自分のいのちを危険にさらしてくれました。彼らには、私だけでなく、異邦人のすべての教会も感謝しています」とあります。パウロがローマ人への手紙を書き送ったのは、この騒動が終わって間もなくのことですから、おそらくこの時に二人が命をかけてパウロを助けたのでしょう。

コリント人への手紙第二、一章八節も見てください。この言葉はちょうどこの時に書いた言葉ですから、これもやはりこの騒動を指すと思われます。「兄弟たち。アジアで起こった私たちの苦難について、あなたがたに知らずにいてほしくありません。私たちは、非常に激しい、耐えられないほどの圧迫を受け、生きる望みさえ失うほどでした。」ですからそのとき、ほとんど命を失いそうになるような迫害があったのでしょう。

三一節を見ると、「パウロの友人でアジア州の高官であった人たちも、パウロに使いを送り、劇場に入って行かないようにと懇願した」とあります。ですから、位の高い人々の中にもパウロを信頼している親しい友がいたことがわかります。このことからも、福音がどれほど勝利を得ていたかがわかります。

二九節を見ると、マケドニア人ガイオとアリスタルコの二人は捕らえられて、劇場に入れられた、とあります。おそらくこの二人を殺すつもりだったのでしょう。けれども後に救出され、二人はこの時からずっとパウロと共に旅をしました。二〇章四節からも二七章二節からも、それがわかります。また、アリスタルコは、コロサイ人への手紙四章一〇節を見ると、パウロと共に牢獄に入れられたようです。

三三節を見ると、ユダヤ人はアレクサンドロを押し出した、とあります。アレクサンドロはユダヤ人を弁護しようと出ますが、かえってそのためになおいっそう騒ぎが大きくなります。三五節を見ると、そのときにローマの役人である書記官が神様の使者となって、騒動を静めます。

このエペソの騒動と迫害によって、どれほど福音が勝利を得たかを知ることができます。福音がいかに人の心を動かしたかを察することができます。いま世の人々の心は福音に対して真に冷淡です。けれども聖霊が働いてくだされば、それによって人間の心は動かされます。そのために一方においてはリバイバルが起きますが、他方においては迫害も起こります。聖霊が働いてくだされば、必ず悪魔も働きます。

第二〇章

37　マケドニアからエルサレムまで

【一～六節】

三節にある三か月の間に、パウロは、コリント人への手紙第二とガラテヤ人への手紙、およびローマ人への手紙の三つを書き送りました。いまやローマに行く旅を始め、あちらこちらの信者に別れのあいさつをしました。ローマに行けば、もう会うことができないと思ったからです。ローマに行くことは真に危険なことで、もう一度このあたりを回って伝道することはできないと思ったのでしょう。

【七～一二節】

「ユテコという名の一人の青年が、窓のところに腰掛けていたが、パウロの話が長く続くので、ひどく眠気がさし、とうとう眠り込んで三階から下に落ちてしまった。抱き起こしてみると、もう死んでいた。」　ここでパウロはその生涯中、最も大きな奇跡を行いました。九節の終わりを見ると、この若者はすでに死んでいたのですが、祈りによってよみがえりました。「しかし、パウロは降りて行って彼の上に身をかがめ、抱きかかえて、『心配することはない。まだいのちがあります』と言った。そして、また上がって行ってパンを裂いて食べ、明け方まで長く語り合って、それから出発した。人々は生き返った青年を連れて帰り、ひとかたならず慰められた。」

【一三〜一七節】

パウロはその旅行をどんどん続けて行きましたが、一七節を見ると、ミレトスから使者をエペソに遣わして、教会の長老を呼び寄せて別れのあいさつをした、とあります。

一八節以下で、話の中に伝道者の精神、伝道者の務めについて詳しく知ることができます。私たちはたびたびここを読んで、祈りの中に自分のことを省み、悔い改めるべきことは悔い改めて祈りたいものです。ここでパウロの精神、パウロのヴィジョンを見ることができます。〝使徒の働き〟のこれまでの箇所で、パウロの旅行や説教、パウロの受けた迫害について読んできましたが、ここではパウロの心、伝道の精神を知ることができます。一八節を見てください。「彼らが集まって来たとき、パウロはこう語った。『あなたがたは、私がアジアに足を踏み入れた最初の日から、いつもどのようにあなたがたと過ごしてきたか、よくご存じです。』」

第一に、伝道者は常に人々と交わって、人々の目の前に明らかになっているはずです。ある伝道者は自分を隠して人々から離れますが、主イエスもパウロも人々の目の前でその生涯を送って、少しも隠れることがありませんでした。

第二に、伝道者はへりくだる者でなければなりません。「謙遜の限りを尽くし」（一九節）。

第三に、鋭敏である者、親切な者でなければなりません。「涙とともに」、英語で言う 'tenderhearted' でなければなりません。

第四に、忍耐のある者です。「ユダヤ人の陰謀によってこの身に降りかかる数々の試練の中で……主に仕えてきました。」

第五に、信頼できる者です。「益になることは、公衆の前でも家々でも、余すところなくあなたがたに伝え、また教えてきました」（二〇節）。力を尽くし、熱心を尽くして働く者です。

この五つの点について自ら省みてください。パウロはそのように力を尽くして伝道したので、二六節で「私は、だれの血に対しても責任がありません」と証言しているのです。私たちも力を尽くして伝道し、こういう言葉を言える者となりたいものです。

真の伝道者は何を宣べ伝えるべきかについても、ここから学ぶことができます。第一に、二四節に「神の恵みの福音を証しする」とあるように、神様の恵みを証しします。神様の恵みによって、最も悪い者、罪深い者でも救われるのです。これは真に福音です。

第二に、二五節にあるように、「御国を宣べ伝え」ることです。神様の偉大な計画、神様の偉大な政治の権威と力、神様が信者に与えてくださる幸いな神の国を伝えなければなりません。

第三に、二七節にある「神のご計画のすべて」を伝えることです。神様の命令と神様の道を伝えることです。それによって、ある人はかえって心を痛めるでしょう。ある人はそれによって大きな損失をするかもしれません。けれども伝道者は忠実に「神のご計画のすべてを、余すところなく」伝えなければなりません。

第四に、二一節を見てください。罪人に求められることは何かというと、「神に対する悔い改めと、私たちの主イエスに対する信仰」です。私たちも熱心に人々に対して、悔い改めと信仰とを宣べ伝えなければなりません。

【二八節】

ここに二つの気をつけるべきことが書いてあります。これは大切なことです。「あなたがたは自分自身と群れの全体に気を配りなさい。神がご自分の血をもって買い取られた神の教会を牧させるために、聖霊はあなたがたを群れの監督にお立てになったのです。」

第一に気をつけなければならないことは自分自身です。私たちはまず自分の心に気をつけなければなりません。ある人は教会の重荷を負いますが、自分の魂のことはいっこうに省みません。これは大きな間違いです。英国のジョージ・ミュラーは、児童養護施設に常に三千人の子どもがいたため、たいへん忙しかったのですが、毎朝神様の御前に自ら省みて祝福を求めることを第一と心得ていました。ミュラーの言った言葉に、「私の働きがいかに忙しくとも、日々私自身の魂に祝福を得ることが私の最も肝心な仕事で、その後に全力を尽くして働く」といったものがあります。これは正しい順序です。二八節の順序です。「あなたがたは自分自身と群れの全体に気を配りなさい。」神様がジョージ・ミュラーを祝福してくださったのは、そのためでした。神様はいつでもこういう心をもっている人の働きを祝福してくださいます。

第二に気をつけるべきことは教会です。教会は尊いもので、主がご自身の血をもって買い取ってくださったものです。外側から見れば信者は少なく、社会的な地位も高くなく、弱い者であるかもしれませんが、主が尊いご自身の血をもって買い取ってくださったのですから、力を尽くしてこれを養わなければなりません。

これは容易なことではありません。必ず危険が起こってきます。「私は知っています。私が去った後、狂暴な狼があなたがたの中に入り込んで来て、容赦なく群れを荒らし回ります」(二九節)。悪はどこから教会に入って来るかといえば、周囲のクリスチャンでない人からではなく、迫害する者からでもありません。こうした人たちは教会を痛めるものではありません。けれども、教会の中にいる教師から、講壇の上から、教会を害し腐らせるものが入って来ます。パウロはここで「狂暴な狼」と述べましたが、これはひょっとすると按手礼を受けた牧師のことかもしれません。あるいは熱心な伝道師のことかもしれません。けれども、そうした人たちがかえって教会を滅ぼす狂暴な狼となるかもしれないのです。

狂暴な狼とはどういうものかというと、特に他の信者を自分に従わせようとして、自分を高くする者、名誉心の強い者です。「また、あなたがた自身の中からも、いろいろと曲がったことを語って、弟子たちを自分のほうに引き込もうとする者たちが起こってくるでしょう。」(三〇節)。

ですから、特にこのことに注意してください。もし人々を自分に従わせたいのであれば、伝道をやめて他の所に退き、涙を流して悔い改めなさい。自分を高くする伝道者は、教会を煩わせる凶暴な狼です。

【三一節】

「思い起こして、目を覚ましていなさい。」 あなたが聖霊に満たされた伝道者を見たなら、それをいつまでも心に留めておいてください。それを記憶し、それによって自分の熱心を励ましなさい。その人の手本に倣って同じ心を求めてください。「私が三年の間、夜も昼も、涙とともにあなたがた一人ひとりを訓戒し続けてきたことを思い起こして、目を覚ましていなさい。」

涙を流すことのできる心を神様に求めなさい。私たちが涙を流さないのは、信仰と愛が生ぬるいからです。パウロは絶えず涙を流して勧めました。「あなたがた一人ひとりを訓戒し続けてきたことを」と。私たちも怠らずに、一人ひとりに勧めたいものです。

パウロが最も努力したことは個人伝道でした。もちろん大きな集会で公の説教もしました。おそらくほぼ毎晩伝道集会を開いたことでしょうが、それよりも大切なことは、このように「一人ひとり」を諭すことです。私たちがもし公の伝道集会だけをしているなら、それは真の伝道とは言えません。力ある伝道ではありません。力ある伝道者は個人個人に勧めることに最も努めます。

【三二節】

「今私は、あなたがたを神とその恵みのみことばにゆだねます。」どうすれば凶暴な狼やそのほかの危険から避けることができるかというと、力ある神とその恵みの言葉に自分を委ねることです。

パウロは自分が去るときに、残る信者を、この二つのものに頼らせようとしました。力ある神様と聖書の言葉に頼ることは肝心なことです。集会も大切です。公の伝道も説教も大切ですが、最も大切なことは、信者一人ひとりを神様に依り頼ませ、自分で聖書を調べてそのみことばに頼むことができるように導くことです。教会が神様とその言葉に頼れば、力ある教会となって、ますます人々を救いに導くことができるようになります。

【三三〜三四節】

「私は、人の金銀や衣服を貪ったことはありません。」パウロは二六節で、「私は、……責任がありません」と述べていますが、ここでも別の角度から潔《きよ》さを証ししています。熱心な伝道者でも、ときとして貪欲の汚れを心の中に受けることがありますから、私たちは大いに気をつけなければなりません。悪魔はたびたび貪欲をもって伝道者を倒しますから、このことを覚えて、常に自分の心を省みたいものです。私たちはこの三三節の言葉を証言することができますか。人の前にも神様の前にも大胆に誠意をもって、このように証言することができますか。

【三五節】

「このように労苦して、弱い者を助けなければならないこと、また、主イエスご自身が『受けるよりも与えるほうが幸いである』と言われたみことばを、覚えているべきだということを、私はあらゆることを通してあなたがたに示してきたのです。」真の伝道者は、あわれむべき者を助けます。聖霊に満たされた伝道者は、あわれむべき者を助けて、肉体上の恵みも与えます。ですからパウロは、精神においても行為においても伝道者の手本とすべき人です。私たちも他の人々の手本となりたいものです。

【三六〜三七節】

「皆は声をあげて泣き、パウロの首を抱いて何度も口づけした。」パウロは実に愛された者でした。これまではそれについて詳しくは読みませんでした。

ガラテヤ人への手紙四章一四節を見てください。「そして私の肉体には、あなたがたにとって試練となるものがあったのに、あなたがたは軽蔑したり嫌悪したりせず、かえって、私を神の御使いであるかのように、キリスト・イエスであるかのように、受け入れてくれました。」ガラテヤの人々もそのようにパウロを愛しました。またパウロは目が悪かったので、喜んでできれば自分の目を与えようとまで言いました。「それなのに、あなたがたの幸いは、今どこにあるのですか。私はあなたがたのために証ししますが、あなたがたは、できることなら、自分の目をえぐり出して私に与えようとさえしたのです」(同一五節)。テサロニケ人への手紙第一、三章六節に、「ところが今、テモテがあなたがたのところから私たちのもとに帰って来て、あなたがたの信仰と愛について良い知らせを伝えてくれました。また、あなたがたが私たちのことを、いつも好意をもって思い起こし、私たちがあなたがたに会いたいと思っているように、あなたがたも私たちに会いたがっていることを知らせてくれました」とあります。テサロニケの信者もこのように常にパウロを慕っていました。ピリピ人への手紙一章二六節を見ると、「そうなれば、私は再びあなたがたのもとに行けるので、私に関するあなたがたの誇りは、キリスト・イエスにあって増し加わるでしょう」と記されています。

ですからどこの信者も心からパウロを愛していました。熱心に彼を愛し、慕いました。聖霊に満たされている伝道者は、世に属する者からは大いに憎まれますが、真の信者からは大いに愛されます。私たちもこのように憎まれ、また愛される者となりたいものです。

第二一章から第二六章まで

38　パウロ、囚人として裁判を受ける

二一章以降は、今までのところほど重要ではないと思います。それでも多くの教訓があるに違いありませんが、恥ずかしいことながら私はまだ十分な光を受けていません。ですから二八章までを一度に講義して、この〝使徒の働き〟を終わろうと思います。

今まで読んだ一三～二〇章において、パウロが熱心に力を尽くして伝道者の働きをしたことを見ました。二一章から〝使徒の働き〟の終わりまでは、パウロがつながれた囚人として苦しみを耐え忍んだことが記してあります。私たちはこれによって大いに教えられます。ペンテコステの聖霊は何のために与えられるかというと、一三～二〇章のように伝道に成功するためですが、ただそのためだけではなく、それと同時に二一章以下の話のように、キリストのために苦しみを忍ぶためでもあります。聖霊に

満たされた者は、パウロのように訴えられ、二七章の難船のような場面にも遭い、二八章のように知らない人々の間で寂しい日を暮らすこともあるかもしれません。聖霊はそのために与えられます。こういうときに耐え忍び、こういう場合においても他の人々を助けて主イエスと共に歩むことができるために、聖霊は私たちに力を与えてくださいます。

〝使徒の働き〟のこの部分について、ヨハネの福音書と比較してみてください。ヨハネの福音書一章から一二章の終わりまでで、主イエスは力を尽くして公の伝道をなさいました。けれども一三章から終わりまででは、静かに耐え忍んで、敵の裁判を受け、十字架の道をお踏みになりました。その一三章以下においては公の伝道はありません。静かに弟子たちにお話しになっただけです。この〝使徒の働き〟のパウロの一代記においても同じことを見ます。〝使徒の働き〟二〇章の終わりにパウロは今までの伝道のあらまし、その精神を繰り返し話していますが、ヨハネの福音書一二章の終わりでも四四節から見ると、主はその公の伝道の終わりにおいて福音のあらましをもう一度宣べ伝えられました。四四〜五〇節の話は主イエスの終わりの説教であり、またそれと同時に、これまでの教えのあらましです。そのときに主イエスの目の前にあった目標は、エルサレムに行って十字架を負うことでした。今ここでパウロの目標も、エルサレムに行って、愛する国の愛する都に行って、もう一度そこの頑なな人々に主イエスを宣べ伝えることでした。エルサレムの人々はこれまでいつも、主イエスとその救いを拒んできました。けれどもパウロの心の中には、いまだエルサレムを愛する愛が消えません。燃える愛をもってぜひもう一度エルサレムに福音を宣べ伝えたかったのです。パウロはユダヤ人を愛する愛に励まされて、いま命をかけてエルサレムに行きます。これは真に愛の働きです。

けれども、これが神様の御旨だったのでしょうか。それは疑わしいことです。私の考えでは、おそらくこのときにはパウロは神様の御旨に逆らってエルサレムに行ったのだろうと思います。

二一章四節を見ると、神様は厳粛に彼を止めておられることがわかります。「私たちは弟子たちを探して、そこに七日間滞在した。彼らは御霊に示されて、エルサレムには行かないようにとパウロに繰り返し言った。」一〇節以下も見てください。「かなりの期間そこに滞在していると、アガボという名の預言者がユダヤから下って来た。彼は私たちのところに来て、パウロの帯を取り、自分の両手と両足を縛って言った。『聖霊がこう言われます。「この帯の持ち主を、ユダヤ人たちはエルサレムでこのように縛り、異邦人の手に渡すことになる。」』これを聞いて、私たちも土地の人たちもパウロに、エルサレムには上って行かないようにと懇願した。すると、パウロは答えた。『あなたがたは、泣いたり私の心をくじいたりして、いったい何をしているのですか。私は主イエスの名のためなら、エルサレムで縛られるだけでなく、死ぬことも覚悟しています』」（一〇～一三節）。パウロのこの決心は実に感心です。パウロはそのように、真にキリストの愛とユダヤ人を愛する愛とに励まされてエルサレムに行きました。けれども、神様は四節のことを預言させられました。しかしパウロがそのような心をもって行ったので、エルサレムに行くことをお許しになりました。またそれによって少しずつローマへ導かれました。

パウロがエルサレムに行ったときに、伝道のために好機がありました。二一章四〇節を見ると、エルサレムの大勢の人々の前で福音を宣べ伝えることができた、と記されています。そのときに人々はパウロを殺そうとし、ローマの兵士が彼を守りました。三五節以下です。「パウロが階段にさしかかったとき、群衆の暴行を避けるために、兵士たちは彼を担ぎ上げなければならなかった。大勢の民衆が、『殺してしまえ』と叫びながら、ついて来たからである。兵営の中に連れ込まれようとしたとき、パウロが千人隊長に『少しお話ししてもよいでしょうか』と尋ねた。すると千人隊長は、『おまえはギリシア語を知っているのか。では、おまえは、近ごろ暴動を起こして、四千人の暗殺者を荒野に連れて行った、あのエジプト人ではないのか』と言った。パウロは答えた。『私はキリキアのタルソ出身のユダヤ人で、れっきとした町の市民です。お願いです。この人たちに話をさせてください』」（三五〜三九節）。パウロはこのようなときにも福音を宣べ伝えたかったので、機会を捕らえて伝道しました。この大勢の人々はその心の中にパウロに対する怒りが満ちあふれ、どうにかして殺したかったのですが、パウロはこれに対して自分を弁護しようとはせず、自分の命を救いたいという願いもなく、ただこの愛するユダヤ人にもう一度福音を宣べ伝えたかったのです。このときは外側から見れば不都合な時ではありましたが、機会を捕らえて福音を伝えました。

ですから「パウロがヘブル語で語りかけるのを聞いて、人々はますます静かになった」（二二・二）。聖霊が働いて、人々を静かにならせました。そこでパウロは、神様がどのように導きを与えてくださったかを証ししました。「自分は先には、今のエルサレムの人々のようにキリストの教えに反対した者で、信者を迫害していた。しかし、私たちの先祖たちの神が私に現れて、私を呼び、私にイエス・キリストをお示しになったので、私はイエスに降参しなければなりませんでした。そしてこの神は私を異邦人にお遣わしになりました」と言って、キリストの教えが神様から出た宗教であることを述べ、自分が悔い改めるようになった経緯を証言し、神様の命令によって異邦人に伝道するようになったことを話しました。これは福音を宣べ伝える絶好の機会でした。神様はこの伝道のために人々を集めて、この集会を開かせられたのです。

これからパウロは四度、裁判官の前に訴えられます。主イエスは十字架の前に五度裁判をお受けになりましたが、パウロは四度裁判を受けました。裁判を受けるたびごとに、パウロはその裁判所を伝道の場としました。自分のためには弁護せずに、いつでも集まって来た人々に福音を宣べ伝えました。神様はそのためにユダヤの権力者、祭司長、そのほか地位ある人々を大勢集めてくださいました。四度そんな集会が開かれました。それは裁判のためというよりも、むしろ伝道のためでした。普段はこういう権威ある人々に福音を宣べ伝えることは実に難しいことで、とうていできませんが、いま神様の摂理によって地位ある人々に伝道することができました。これは絶好の機会でした。

第一に、二三章一節、「パウロは、最高法院の人々を見つめて言った」。このとき彼はユダヤ人の最高法院の前に訴えられました。最高法院はわずか三十年ほど前にキリストを裁いたのと同じところです。あるいはそのときにパウロはその議員の一人であったかもしれません。また今このときに最高法院に座っていた者の中に、キリストを裁いた人もいたことでしょう。そのときに主イエスに会い、主イエスの話を聞くことができました。けれども主イエスに死罪を宣告しました。その後、この最高法院はステパノを裁判しました。そのときに聖霊に満たされて主の使いの顔をもっていたステパノを見ることができましたが、彼を通して来た神様の言葉を受け入れず、彼にも死罪を言い渡しました。神様は大きな忍耐と大きな恵みをもって、もう一度その最高法院に福音をお聞かせになります。六節を見ると、パウロはそのとき特に「死者の復活という望み」について話しました。けれども最高法院の人々は受け入れませんでした。

二四章に第二の裁判があります。大祭司アナニアと弁護士テルティロに訴えられて総督の前で審判を受けました。パウロはそのときもう一度復活について話しました（一五節）。これはユダヤ人のもっている望みと同じものです。二五節を見ると、「正義と節制と来たるべきさばきについて論じた」とあります。これまでのことに関して正義、現在のことに関して節制、また未来のことに関して神のさばきについて述べました。これまでの生涯と神の正義を比べ、今きよめられた生涯を送るために慎みを説き、未来において神のさばきの来ることを論じたのです。

フェリクスはこのとき恐れおののきましたが、悔い改めませんでした。それからもたびたびパウロを召して語り、またそのたびごとにパウロは聖霊に感じて勧めたでしょうが、フェリクスが悔い改めることはついにありませんでした。二七節に「二年が過ぎ」とありますが、この二年間は悔い改めの時でした。この間に神様は耐え忍び、ユダヤ人に悔い改める機会をお与えになりました。

そして、この二年間はパウロのためでもありました。今まで熱心に伝道してきたので、静かに神様と交わり、身体を休める時があまりなかったので、いま神様は彼を牢に入れて静かに休む時を与えてくださいました。

第三に、二五章においてフェストゥスの前に、ユダヤ人の権力者たちによって訴えられました。

そして最後に、二六章においてアグリッパ王の前に引き出されて説教しました。特にアグリッパの前で神様の恵みの目的を語りました。神様がユダヤ人にも異邦人にも罪人にもどういう恵みを与えてくださるかを述べます。一八節に、「彼らの目を開いて、闇から光に」、すなわち光を与え、また「サタンの支配から神に立ち返らせ」、すなわち自由を与え、「わたしを信じる信仰によって、彼らが罪の赦しを得」る恵みを与え、また聖別された人々に加えてくださる、とあります。

神様は異邦人にもこのような恵みを与えようとなさいます。パウロはそのために立てられて使徒となりました。ユダヤ人はなぜそれに反対するのでしょうか。かえって神様がそんな美しい恵みを他の人々にも与えてくださることを喜ぶべきではないでしょうか。神様が異邦人さえもこのように恵んでくださるのは、願わしいことではないでしょうか。

けれども二一節を見ると、ユダヤ人は彼を捕らえて殺そうとしました。「そのために、ユダヤ人たちは私を宮の中で捕らえ、殺そうとしたのです。」ユダヤ人は神様に背いたので、そのように神様の使者に反対しました。

この裁判は最後にどういう判決を言い渡したかというと、三一節を見てください。「彼らは退場してから話し合った。『あの人は、死や投獄に値することは何もしていない。』」パウロは罪のない人と宣告されたのです。けれどもパウロはカエサルに上告したので、そのために摂理のうちにローマに行くことになります。

第二七章から第二八章一〇節まで

39　難船とその結果

二七章において、この旅行中、難船に遭ったことを読みます。聖霊はその難船の記事を四十四の節もお書かせになりました。ペンテコステの記事を見ると、だいたいこれと同じくらいの長さです。あるいはペンテコステの日の話のほうが少し短いかもしれません。ですから聖霊がこの章をお書かせになった意味がわかれば、この二七章は非常に大切なものとなります。

難船に遭ったような場合にこそ、私たちは聖霊に満たされていなければなりません。聖霊はただ伝道のためだけでなく、こういうことのためにも降ってくださいます。こういう場合においても潔《きよ》めの生涯を送ることができる恵みを与えてくださいます。

パウロは今まで三度難船に遭いました（Ⅱコリント一一・二五、「難船したことが三度」）。今この三度目の船において、船中にはいろいろな人がいました。兵士もおり、商人もおり、またおそらくアフリカの人も、地位ある人も、もちろん船員たちもいました。けれども神様の摂理によって、パウロは終わりまでこの人々を統べ治めます。この記事を読んでみると、パウロはむしろすべての人々の長となり、すべての人々はパウロの言うことに従い、パウロを信頼しました。パウロは哀れな一囚人でしたが、信仰の人でしたから、こういう苦難の時にすべての人々から信用されました。聖霊に満たされた人は、いつでもそのようです。

二四節を見ると、パウロは危機の時に神様を見、神様と交わりました。それによって他の人々を慰めることができました。パウロは親切にこの人々に勧め、この人々の友となりましたから、この人々を助けることができました。二三章一一節において神様は「勇気を出しなさい」と彼を励ましてくださいました。パウロは神様のこの言葉を心の中に留めていたに違いありません。今この暴風の時にこの言葉を他の人々に伝えて、彼らを励まします（二二節および二五節）。「今、あなたがたに勧めます。元気を出しなさい。」「ですから、皆さん、元気を出しなさい。」これは英語（be of good cheer）ではもっと意味が深くて、日本語にはその意味がよく表れていないように思います。神様と交わる人は他の人々を慰めることができるのです。

二四節の終わりに、「神は同船している人たちを、みなあなたに与えておられます」とあります。これは大きな賜物です。おそらくパウロはその船に乗ったときから、心の中でその船に乗っている二百七十人余りの者のために重荷を感じ、その人々のためにとりなしの祈りをささげていたと思います。暴風の起こる前から祈りだしていたことでしょう。神様は今その祈りに答えて、「みなあなたに与えておられます」とおっしゃいます。ですからこの二百七十六人が救われたのは、おそらくパウロの祈りの答えだったのでしょう。

この救いは身体の命のことでした。神様はたびたびあなたの祈りのゆえに、他の人々の身体をも救ってくださいます。その人たちは悔い改めないかもしれませんが、身体を助けられます。まして私たちが重荷を負って祈っていれば、神様は霊の命を与えて、その魂を救ってくださるに違いありません。「神は同船している人たちを、みなあなたに与えておられます。」この約束を握って、自分の家族のため、親戚のため、友のため、隣人のために、とりなしの祈りをささげたいものです。

四四節の終わりに、「こうして、全員が無事に陸に上がった」とあります。これは神様の約束の成就でした。他の人々は、パウロの祈りの結果であるとは思わなかったでしょうが、これは実際に祈りの答えでした。あなたの家族の中に信仰のある人がいることは、家族中の幸いです。村の中に一人の信仰の人がいるのは、村中の幸いとなります。その人のためにその家の者、あるいはその村の者を神様は救ってくださいます。ソドムという非常に悪い町に十人の正しい者がいるなら、神様はその十人のためにそこを救うとおっしゃいました。私たちも他の人々のために信仰の生涯を送り、絶えず神様と共に歩みたいものです。私たちもパウロのように、他の人々の苦難の時に、その人々のために重荷を負わなければなりません。

二八章で、枯れ枝を集めたことによってリバイバルが起こったという面白い話を読みます。ここで信仰の人が他の人々を助けることをもう一度見ます。人々が火を燃やそうとしたので、パウロもそのために枯れ枝を集めました。喜んで身体を動かし、手を貸して他の人々を助けます。そのときパウロは愛をもって、喜ばしい顔つきをして働いたに違いありません。その働きの結果としてリバイバルが起こりました。

六節の終わりにパウロはあがめられ、八節でその島の長官の父のために祈って、その祈りが答えられ、九節で多数の人々がやって来て癒された、とあります。パウロは裁判を受けたときに福音を説いたのと同じように、今この島においても福音を語りました。終わりに彼らは礼を厚くしてパウロたちを敬ったとありますから、悔い改めた者もあったに違いありません。

第二八章一一節以下

40　ローマに着く

こうしてパウロは次第にローマに近づきます。彼は先にローマ人にローマ人への手紙を送りました。特にその一五章二九節以下を見ると、ローマの信者たちにこういう祈りを求めています。「あなたがたのところに行くときは、キリストの祝福に満ちあふれて行くことになると分かっています。兄弟たち。私たちの主イエス・キリストによって、また、御霊の愛によってお願いします。私のために、私とともに力を尽くして、神に祈ってください。私がユダヤにいる不信仰な人々から救い出され、エルサレムに対する私の奉仕が聖徒たちに受け入れられるように、また、神のみこころにより、喜びをもってあなたがたのところに行き、あなたがたとともに、憩いを得ることができるように、祈ってください」（二九～三二節）。三つの祈りをささげるように頼みましたが、ローマの信者たちはこのことのために祈りました。パウロがこの祈りを願ったときには、三つとも人間の目から見れば実に難しいことで、おそらく不可能のことのように思われました。けれどもパウロも祈り、ローマの信者も祈ったので、神様はそれに答えて、三つのことを聞いてくださいました。ユダヤ人からも救われ、奉仕も首尾よく終わり、また喜んでローマに行くことができました。

この二八章一四節を見ると、七日間プテオリにとどまった、とあります。ローマの信者はパウロが来ると聞いて迎えに来ました（一五節）。このアピイ・フォルムはローマから百二十キロほど離れた所でしたが、そこまで迎えに出ました。そのためにパウロは大いに慰められ、ローマの信者たちの信仰に励まされ、喜んでローマに行くことができました。ローマ人への手紙一五章の祈りは答えられたのです。

パウロはローマに着くと、早速ユダヤ人のおもだった人々を集めました（一七節）。パウロは特別に異邦人に遣わされた者でしたが、いつでもどこでもまず愛する同胞に道を宣べ伝えようとしました。これは神様の順序にかなうことでした。

二三節に、朝から晩まで証し会のような集会を開いたことが記されています。「そこで彼らは日を定めて、さらに大勢でパウロの宿にやって来た。パウロは、神の国のことを証しし、モーセの律法と預言者たちの書からイエスについて彼らを説得しようと、朝から晩まで説明を続けた。」 定まった説教をせず、聖書を開いて証しを述べ、聖書の意味を説きました。けれどもユダヤ人は信じません。「ある人たちは彼が語ることを受け入れたが、ほかの人たちは信じようとしなかった。互いの意見が一致しないいまま彼らが帰ろうとした」（二四～二五節）。退出しようとしたそのとき、パウロは恐ろしいのろいの言葉を言いました。今までパウロはどこでも力を尽くしてユダヤ人を救いに導こうとしましたが、どこのユダヤ人も信じませんでした。最後にローマにあるユダヤ人たちに福音を伝えました。そこにいるユダヤ人は、ユダヤ人が一般に持っている偏見をもっていないでしょうから、自由をもって聞き入れてくれるかもしれないという望みがあったのです。それなのに、そこのユダヤ人もやはり信じません。ですから終わりに、この恐ろしいのろいの言葉を言いました。

「パウロは一言、次のように言った。『まさしく聖霊が、預言者イザヤを通して、あなたがたの先祖に語られたとおりです。「この民のところに行って告げよ。あなたたは聞くには聞くが、決して悟ることはない。この民の心は鈍くなり、耳は遠くなり、目は閉じているからである。彼らがその目で見ることも、耳で聞くことも、心で悟ることも、立ち返ることもないように。そして、わたしが癒やすこともないように」』」（二五～二七節）。

主イエスは、頑ななガリラヤ人に対して同じ言葉をおっしゃいました（マタイ一三・

一四〜一五)。その後、ヨハネの福音書一二章三九〜四〇節で、公の伝道の終わりにユダヤの人々にのろいの言葉を宣べられました。今パウロは主に倣って、頑ななユダヤ人全体に同じ宣告をしています。彼らは恵みの言葉を聞き入れなかったので、ついに恐ろしい神様ののろいの宣告を聞くことになったのです。

けれども、パウロは自由に異邦人に福音を宣べ伝えました。「パウロは、まる二年間、自費で借りた家に住み、訪ねて来る人たちをみな迎えて、少しもはばかることなく、また妨げられることもなく、神の国を宣べ伝え、主イエス・キリストのことを教えた」(三〇〜三一節)。ユダヤでもエルサレムでもどこでもユダヤ人がいるところでは、妨げる者がいました。けれどもいま異邦人の中にあって、「少しもはばかることなく」とあります。これは不思議です。ローマ人は新しい宗教を好みません。またそれを許しません。ローマの法律によれば、ただ定まった宗教を宣べ伝えることだけが許されていました。けれども神様の摂理によって、パウロは禁じられずに、その都ローマで、この新しい宗教を宣べ伝えることができました。

私たちもこの二一章以下で学んだように、時が良くても悪くても、いつでも道を宣べ伝えたいものです。危険な時にも、苦しめられる時にも、迫害される時にも、いつも道を宣べ伝えたいものです。

訴えられて裁判を受けるようなことがあっても、自分のために心配せず、そこにいる人々のために重荷を感じて、福音を宣べ伝えたいものです。身体の危機にある者のためにも、あわれみと親切を尽くして彼らに愛を示してください。もし牢につながれるようなことがあっても、そこでも福音を宣べ伝えたいものです。これは〝使徒の働き〟の最後の教え、最後の勧めです。

解　説

一　バックストン師の日本のキリスト教会への貢献

著者のバークレー・F・バックストン師について、工藤弘雄氏（第1巻、『赤山講話』）や飯塚俊雄氏（第三回配本、第8巻、聖書講解Ⅳ『ヨハネ福音書 下』）の解説で詳しく書かれているが、私もやや違う視点から書かせていただく。

バックストン師の日本のキリスト教会への貢献は、多方面に及んでいる。

一八九〇年（明治二三年）一一月二四日来日したバークレー・F・バックストン師は、初め神戸で日本語を学び、請われるままに、宣教師の聖書の学びなどで説教していた。一八九一年四月に松江で伝道を開始された。最初、永野武二郎の通訳で劇場などを借りて説教し（約七〇〇人集ったという）、クリスマスに永野ら数名に洗礼を授けた。一八九二年一月になると、自身が神戸の日本語学校の修了試験に合格したので、日本語で説教するようになる。それと同じ頃、竹田俊造、三谷種吉、藤本寿作、堀内文一が同志社からバックストン師を慕って松江に来たので、バックストン師はこの四人を永野と共に訓練した。どうして彼らが同志社からバックストン師のもとに来たのかについては、都田恒太郎はその著『バックストンとその弟子たち』の中で、バックストン師が、一八八八年同志社の教授になったシドニー・L・ギューリックと知り合いになり、ギューリックの誘いで同志社において説教するようになったことと関連していると推測する。ちなみに、このギューリックは、ハドソン・テイラーを招いての修養会の開催の折に協力した人である。都田は、当時の同志社の学生がイギリスの高貴な青年に触れ、その口から語られる聖書的福音に接して感動し、心を引かれたことは容易に想像できる、と言う。実際、竹田俊造自身も、バックストン師の説教と祈りに感動して、同志社を退学し、松江に行ったと言っている。他の三人も同様であろう。

ご子息B・ゴッドフレーが書いたバックストン師の伝記『信仰の報酬』（関西聖書神学校出版部）によると、英国から同行したバックストン師のスタッフに加えて、日本人の五人のスタッフが加わったと書かれていながら、その名が挙げられていないが、都田恒太郎は、永野とこの同志社からの四人ではないかと推測している。

バックストン師の松江を中心とする周辺の地方での伝道の成果については、部分的にしか報じられていない。受洗者についても、わずかに松江教会で年平均四〇人、一九〇〇年までに三一〇人（『信仰の報酬』一三三頁）と書かれているので、多数の受洗者が出たと思われるが、詳しい数字は書物にない。いずれにしても、松江周辺ばかりでなく、米子周辺、境港近くにも伝道された。前述の『バックストンとその弟子たち』の著者で日本聖書協会総主事だった都田恒太郎の父、都田友次郎と、パスカルの研究家で讃美歌作詞家の由木康の父、由木虎松が境港近辺でこの頃救われている。

一八九三年四月、赤山にバックストン師の住居ができると、優秀な青年を日本全国から集めて教育した。「集めて」と書いたが、バックストン師の存在が知られて、口コミで聖書を深く学ぼうとする者が集まって来たので、彼らを養育する方針を取った、ということであろう。一八九五年頃、アメリカで救われ、アメリカの神学校等で学んだ者、あるいは、西海岸でリヴァイバルを経験して帰って来た人々、笹尾鐵三郎、秋山由五郎、河邊貞吉、松野菊太郎、木田文治（木田愛信の父）などの諸氏が赤山に集まり、バックストン師の指導を受けたのである。さらに、東京から、御牧碩太郎、土肥修平らが松江に集まって来て、バックストン師の指導を求めた。彼らは、二～四年、バックストン師のもとにとどまり、学びと実習の時を持った。また、中田重治も後にバックストン師の指導を受けたようである。

こうして、松江の赤山は、「純福音運動の指導者の養成地」（都田恒太郎）になった。ここでの講義が『赤山講話』である。さらに、『ヨハネ伝講義（ヨハネ福音書講義）』

もこの頃講義されたと思われる。これらの人々の日本のキリスト教会における働きについては、『日本キリスト教歴史大事典』(教文館、一九八八年)の各人の項に詳しく書かれている。

一八九三年の夏、バックストン師は、日本のキリスト教界に必要とされているのは「聖霊の火であることを感知し」(都田恒太郎)、内外の教職のために霊的修養会の必要を感じ、神戸で宣教師のための修養会を開いた。中国で伝道していたハドソン・テイラーを講師として招いたが、テイラーの到着が遅れたので、自分とギューリックが講演を行ったという。ちなみに、バックストン師の講演は、最初が聖霊のバプテスマ、次がコリント人への手紙第二、三章一八節、主と同じ姿に変わりゆく、後にハドソン・テイラーが到着して、愛の人として謙遜に進むことを勧め、最後の集会では、「聖霊に満たされよ」と語られたという。バックストン師は、その夏、英国のケズィック聖会に出席し、このような修養会の必要を強く感じ、一八九八年に有馬聖会を開いた。その後、箱根修養会が生まれるようになった。そして、一九六二年、箱根で日本のケズィック聖会が開かれるようになり、上記、都田恒太郎がそのために尽力し、木田愛信が通訳者として活躍した。ケズィック聖会の日本での開催は、バックストン師が願っていたことであった。

一八九七年には、パゼット・ウィルクスが協力伝道者として来日した。これによって、バックストン師チームの伝道体制は、竹田俊造を中心とする日本人のスタッフの充実もあり、申し分のないものとなった。

一九〇二年、バックストン師は、四人の子息の教育のため、自身の住居と働きの拠点を英国に移すことになる。バックストンご夫妻は、学齢に達した子どもたちに対する責任と日本の伝道における責任を深く祈り、熟慮し、英国を拠点として、そこから隔年、数か月間日本を訪問し、日本伝道を進めることになった。日本訪問時には、日本各地において、松江で養成した伝道者と共に、聖会や修養会を開催し、それによって伝道者を信仰的に強め、伝道的前進を目指すものであった。聖会や修養会においては、一回五十分程度の聖書講義を四回ぐらいした。これによって、バックストン師が目指した信仰形成、聖霊によって潔められるクリスチャン生活を求める信仰が日本全国に植えつけられた。

英国においては、それと同時に、ウィルクスの提案を受けて、伝道団体を組織し、日本伝道を後援することになった。翌年、日本人理事として竹田俊造、御牧碩太郎、三谷種吉が加わり、「日本伝道隊」と名乗ることとなった。

さらに、一九〇七年（明治四〇年）から、神戸聖書学校（関西聖書神学校の前身）が神戸市平野に開設され、竹田俊造が校長に就任した。

笹尾鐵三郎はそれに先立って、中田重治らが東京神田に創立した「中央伝道館」にバックストン師の勧めで加わり、聖書学校（後の「聖書学院」）を開設すると、バックストン師はここを信頼し、米田豊らの若者の教育を依頼したという。

一九一三年秋、バックストン師は、ケンブリッジの聖トリニティー教会からの牧師就任を断り、日本へ戻った。それから四年間、神戸に定住して活動し、前述の神戸聖書学校で教えた。このとき、聖書学校でちょうど四年間学んだのが活水の群の創設者、柘植不知人である。また、都田恒太郎の書物によると、小島伊助、佐藤邦之助もこの時期であり、工藤玖三、舟喜麟一も学んだという。賀川豊彦の夫人賀川春子や私の祖父藤村壮七も聴講している。この時代の聖書講義が『使徒行伝講義』であり、『ルツ記霊解』である。米田豊が書記としてバックストン師を支えていたので、これらの講義も米田の筆記、編集で本として残されている。

バックストン師はこの間、神戸を拠点とし、全国で修養会、聖会の講師として活躍した。有馬の修養会などに多数の人々が集まっている。バックストン師の帰国後も各地の修養会で、彼に指導された人々、笹尾鐵三郎、河邊貞吉、竹田俊造、堀内文一、御牧碩太郎、秋山由五郎、中田重治らが講師を務めた。

一九一七年秋、欧州では第一次世界大戦が激化し、バックストン師の三男ジョージが戦死している。このような状況から、バックストン師は日本伝道に区切りをつけて英国に戻り、英国国教会の司祭として働くようになった。

一九三七年（昭和一二年）秋、バックストン師が七十七歳のとき、日本聖公会、日本伝道隊、基督伝道隊（活水の群）の招聘で、約六か月、日本を回り、聖会、集会で語った。『信仰の報酬』によると、一二五回説教したという。

この説教、聖書講義の多くは、筆記され、書籍として、その集会に来ない人にも読まれるようになった。修養会などで複数回続けてなされた説教は小冊子となったが、特に有馬や塩屋での説教、聖書講義が、今回の著作集に集められた。ただ、昔出版された小冊子は、バックストン師がいつどこで話したものかは書かれていないので、どの聖会の説教か分からないことが多く、残念である。

バックストン師の日本のキリスト教会への貢献は、バックストン師がよくしているように、整理して、箇条書きにする。

第一に、松江における開拓伝道である。そこで、バックストン師のチームで救われた人とその子孫が、日本のキリスト教の歴史の中で活躍している。例えば、その最初の受洗者、永野武二郎はまず通訳者として、その後聖公会で、松江の司祭として、後に中国・奉天の司祭として働く一方、雄弁なので、日本各地、満州などで伝道した。

第二に、同志社でバックストン師を知り、彼を慕って松江に来た人々、竹田俊造、三谷種吉、藤本寿作、堀内文一らを育て、「松江バンド」（『日本キリスト教歴史大事典』の項目参照）と言われる日本の伝道の流れを生み出した。

第三に、松江、赤山で行われた指導者の養成は、都田恒太郎は「純福音運動の指導者の養成地」と言ったが、実質的には、いわゆる純福音運動の聖書塾、神学校であった。後にバックストン師が書いた「松江地方にあるすべての働き人への手紙」（『信仰の報酬』参照）などから考えると、午前中三時間聖書の学び、午後は訪問し、夜は毎晩伝道集会を行うことではなかったか、と思う。後にソーントンが設立した自立聖書塾が似た形式（午後はピーナツバターつくりをしたが）であった。

一八九五年に加わった笹尾鐵三郎、秋山由五郎、河邊貞吉、松野菊太郎、木田文治、一足遅れて加わった御牧碩太郎、土肥修平らは、まさに純福音派のルーツとなる。その後、笹尾鐵三郎は、バックストン師の勧めで上京し、一九〇一年、中田重治の設立した聖書学院の院長となり、ホーリネスの多くの指導者を養成したが、五十歳前に天に召された。その霊的な聖書講義は残されて、感銘を与えている。秋山由五郎は同じくホーリネス教会に加わり、笹尾に協力し、晩年は笹尾の遺志を継いで巡回伝道をした。河邊貞吉はアメリカ自由メソジスト教会の日本伝道に参加し、日本自由メソヂスト教会の基礎を築いた。

メソジストの本多庸一は神の恵みによりマン（人）を出せと言ったが、バックストン師はまさに神の恵みによって、純福音、福音派の「人」を生み出したと言える。

第四に、修養会、聖会の開催もバックストン師の功績である。来日直後、神戸で宣教師のための修養会を開いたが、その後も多くの宣教師や日本人の教職に出会い、彼らが霊的に弱く、同時に能力を求めている実状を知っていた、と都田は言う。そこで、日本のキリスト教界が必要としているのは「聖霊の火」であることを感知し、修養会を日本人の教職や信徒の指導者や宣教師のために開催すべきだと感じた。またゴッドフレーも、父は神がそのために召されていることに気がついた、と書いている。バックストン師の手本は英国のケズィック・コンベンションであった。そして一八九八年、有馬で修養会を開いた。彼の企画した最高レベルの修養会と言われるのは、イギリスのケズィック・コンベンションから迎えた講師チャールズ・インウードによる一九一六年開催の有馬と箱根の修養会であった、と都田は言う。バックストン師が目指していたのがケズィック聖会であることは、自明である。バックストン師は、英国ケズィックの創設に貢献したウェブ・ペプローのもとで修養したことがあり、何度か英国ケズィックで講師として語ったことがあるからである。

第五に、バックストン師の説教は、講解説教、聖書の講解を基にした説教である。そして、そのような説教が日本で行われるように講師たちを指導した。彼は、ケズィック集会のバイブルリーディングをよく知っていた。日本ケズィックの講師としてたびたび来たスティーブン・オルフォードは、バックストン師に学んだことのある人だが、晩年、日本で講解説教のセミナーを開いていた。これもバックストン師が願っていたことであろう。

第六に、バックストン師の説教は、筆記され、小冊子、書籍になり、繰り返し読まれたことである。最初の松江赤山時代の書物は、堀内文一の筆記、編集によるものであるが、堀内は、バックストン師の勧めで、英国に留学したことがあるが、漢文の素養があり、現代のわれわれには分かりにくくなっていた。このたび現代文にして、あこんな説教をバックストン師に接した人は聞いていたのだと理解し、感激した。後の時代のものは、米田豊や小島伊助が編集したものであるが、このたびそれも分かりやすくなっている。

渡辺善太が、一九六〇年の第一回バックストン記念聖会の講演会（『バックストン先生の思い出』第五号、一九六四年四月、二、三頁）で、「バックストン師には、聖書によって神が語りたもう」と語られた。自身が若い時、「九段教会でバックストン師の説教を聞いたとき、列王記上一八章『火をもて答える神を神とせよ』との聖言に、ずしんとやられちゃった。全存在に、びりびり沁みとおるように、これが聖書を通して神が語られるのだ」と感じたと。また、「聖書を通して神が語られる言葉を聞く、これがバックストン師の教えだ」と言った。

今、バックストン師の説教を読むと、神が聖書を通して語っておられる、と感じる。説教や聖書講解を読むとき、村上宣道氏は「神様の語りかけが聞こえてくる」（聖書講解Ⅴ『使徒行伝講義 上』二七八頁）と言い、藤本満氏は「たましいを貫く」と言う（第7巻、聖書講解Ⅲ『ヨハネ福音書講義 下』三三〇頁）。

第七に、バックストン師は、聖会、集会における讃美歌に心を配った。最初、自分で、笹尾鐵三郎との共著で『救の歌』を一八九七年（明治三〇年）に出版、また、音楽的な才能があった三谷種吉によって、『基督教福音唱歌』が翌年一一月に出版されている。（三谷は棘焔漁夫というペンネームで、編集発行人は福田平治となっている（榊原正人・三谷幸子著『三谷種吉』いのちのことば社、五四、五五頁）。）由木康によると、日本最初のゴスペルソング集だったという。一九〇九年（明治四二年）中田重治がこれらを改訂増補して『リバイバル唱歌』と改題して出版し、広く用いられるようになった（その後、『リバイバル聖歌』『聖歌』になった）。後者は、一九一六年（大正五年）に、三谷種吉自身が『霊感賦』と改題して出版した。由木康は、バックストン師のチームのナッシュという女性が日曜学校を開いていて、ベビーオルガンを弾きながら、これらの中の歌を習った、と書いている（『讃美の詩と音楽』一三四〜一三七頁、ただ『霊感賦』を西條弥市郎が受け継いだとあるのは誤解である）。そして、由木康が日本の讃美歌に多く作詞、訳詞をし、現在使われている一九五四年版の『讃美歌』の編集委員会委員長である。由木の代表的な作詞は、「馬ぶねの中」、「昔主イェスの播きたまいし」、「ガリラヤの風」など、訳詞は「きよしこの夜」である。つまり、バックストン師とその弟子の日本の讃美歌に対する貢献は大きい。

第八に、バックストン師は、エキュメニカル、超教派的であった。一九六〇年の第一回バックストン記念聖会の講演会で、由木康は、バックストン師はエキュメニカル、世界教会的な教会観を持っていたと語った。バックストン師の組織した日本伝道隊も、教派ではなく、教派を助けて奉仕をなし、その中に霊的な生命を浸透させようとする団体であった。自分は聖公会に属し、自分の教会では式服を着て祈禱書を用いて礼拝をささげたが、自身が属する聖公会だけが教会と思わず、他のあらゆる福音的な教会を尊敬し、真にキリストを信じている者はすべて世界的な唯一の霊的な教会に属しているとの考えのもとに活動した、そして、日本のあらゆる教派のために奉仕した、と由木は言った。また、聖公会の教職でありながら、他教派の同志社や関西学院、青山学院などに行って説教した。晩年は、ターンブリッジの教会で他教派の牧師と一緒に祈り、町の教会にリバイバル（信仰復興）が起こったという。

第九に、前項のバックストン記念聖会の講演会で、渡辺善太は、バックストン師が神秘的だと言い、「ドイツの神学者オットーによると、神秘主義には二種類あり、一つは恍惚神秘主義エクスタシーで、もう一つはキリスト教の神秘主義で、深く神と交わり、主と交わっても、主と我の境が保たれている、合一的神秘主義に至らない神秘主義だと言っている。バックストン師に現れた神秘的なるものはこれである」と続けた。

『信仰の報酬』の六章「働き人への手紙」の中に、バックストン師は、「私共は、人に会ったり、一日の仕事が始まったりする前に、祈りとみ言葉を読むために、少なくとも一時間の静時を神と共に持つはずであります」と書いている。また、「神とひとりに（二人きりに）なりなさい」（小島伊助『聖顔の輝き』第二巻、三二二頁）と、聖書を読んで個人的に神に祈る時を持つことを勧めている。

第一〇に、バックストン師は、信徒のために祈ること、個人名を挙げて祈ることを勧めた。『信仰の報酬』の六章「働き人への手紙」の中で、「働き人のために名を挙げて祈りなさい。また知るかぎりのクリスチャンのために祈りなさい」と勧めている。それで祈祷会（私たちの群では「祷告会」という執り成しの祈りをする祈り会があった）などで、信徒や教師の個人名を挙げて祈る。

また、バックストン師自身、個人名を書いた「祈祷者の名簿」を持っていた。毎日祈る人、毎週祈る人、毎月祈る人に分類して名前が書いてある名簿（ノート）で祈った（沢村五郎『バックストン先生の思い出』第二号、五頁）。ちなみに、私も生まれた時に病弱だったので、一九三七年来日の時、活水の群から招聘の手紙を書いた佐伯理一郎の孫だということで、祈り、名簿に載せていただいた。それで今日の私がある。

二　聖書講義、「ヨハネ福音書講義」と「使徒行伝講義」について

バックストン師が松江で最初に聖書講義をしたときに、ヨハネ福音書を行ったのは、ケンブリッジのトリニティーカレッジでウェストコット教授のヨハネ福音書の講義を聞いていたからであると思われる。

B・F・ウェストコット教授は新約聖書のギリシア語原典研究に優れ、F・J・

A・ホート教授と共に一八八一年に出版したギリシア語本文は、画期的なものとして非常に高く評価された（B・M・メッガー『新約聖書の本文研究』聖文舎、一四五〜一五四頁）。ウェストコットとホートのギリシア語原典は、長く無批判に支持されていた「公認本文」（Textus Receptus という、出版社が宣伝でつけた名前のゆえに支持されていた）を破棄に導いた。現代の本文批評が常識としているヴァチカン写本とシナイ写本の価値を高く評価した。原典に近い最良の写本を求めるという現代の本文批評はここに始まったと言ってよい。このギリシア語版がネストレ版に参考とされ、現代のギリシア語原典になる。一八八一年に改訂された聖書（RV）は、ウェストコットとホートのギリシア語原典が採り入れられている。それゆえ、一八九〇年秋に来日したバックストン師のギリシア語原典は、ウェストコットとホートのもの、聖書はRVであると思われる。このウェストコット教授は、ほかにヘブル人への手紙の注解も書いている。

もう一人、バックストン師が影響を受けたのは、ハンドリー・C・G・モウル、ケンブリッジ大学内の福音主義神学に立つ神学校、リドリーホールの校長である。バックストン師はリドリーホールには入らなかったが、モウルから人格的な感化を受け、聖書研究の方法において、その霊的解釈において多く学んでいる。

バックストン師の『ヨハネ伝講義（ヨハネ福音書講義）』は、ウェストコットから、学問的な聖書釈義を学び、モウルから霊的な解釈を学んで書かれた講解書である。

今回、現代文に直される前から評判が良く、霊的に深く学ぼうとする者には必読の書として知られていた。『ヨハネ伝講義（ヨハネ福音書講義）』や『使徒行伝講義』は、最初引用聖書が文語訳で出版され、太平洋戦争後は口語訳に直されて出され、福音派以外にも多くの読者を獲得している。例えば、新教出版社から聖書講解、「聖書の使信」シリーズを出している蓮見和男氏の『ヨハネ福音書』の講解では、参考文献の最初にバックストン師の本を挙げ、全体で二十か所ほど、バックストン師の『ヨハネ伝講義（ヨハネ福音書講義）』から霊的なコメントを引用している。蓮見氏は、同じシリーズの『使徒行伝』でも、『使徒行伝講義』から、使徒行伝八章、九章などでは引用、あるいは参照している。例を挙げると、ピリポがサマリアで成果を上げたとき、主の使いがピリポを荒野に導いたが、それについて蓮見氏は「伝道が成功した時は、伝道者にとって危険な時であります。神がピリポを荒野に導いたのも、この理由からであります」と、出典文献を挙げずにバックストン師を引用している。その後の九章では引用書の明記がある。

三 『使徒行伝講義』の中から

「バックストン著作集」第9巻、聖書講解Ｖ『使徒行伝講義 上』のまず最初に、「この書は、〝使徒の働き〟（使徒行伝）といいます。けれども、別の角度からいえば、これは天に昇られた主の働きとも言うべき書です」（二五頁）とある。バックストン師なら、それは主の霊の働きと言うか、聖霊の働きと言うことを期待されているところである。そして、ペンテコステの恵みが与えられたのが主の働きで、四章で足の不自由な人が癒されたのも主の働きであり、ステパノが大きな迫害に遭ったとき、主はそれを天から眺め、天に受け入れてくださり、九章のサウロの悔い改めも、主イエスの働きであり、主の奇跡である、とある。それ以後も、〝使徒の働き〟を見ると、主イエスご自身の働きとご自身の教えが記されている、という。

主は「使徒たちに聖霊によって命じた」（一・二）とあるが、その命令は「父の約束」を待つことと福音を宣べ伝えることである。父の約束は、聖霊が与えられることで、イザヤ書四四章三節、六一章一節、エゼキエル書三六章二七節、四七章一～一〇節、ヨエル書二章二八節などにあり、旧約聖書で最も大事な約束であるという。

〝使徒の働き〟一章五節、「ヨハネは水でバプテスマを授けましたが、あなたがたは間もなく、聖霊によるバプテスマを授けられるからです」と、約束の聖霊を受けることがあなたがたのバプテスマである、とイエスがおっしゃったとされている。しかし、八節に「聖霊があなたがたの上に臨むとき」とあり、二章四節には「聖霊の満たし」とある。聖霊によるバプテスマと、三つの言葉があるが、一つの経験である、という。また、ヨハネの福音書一四章一七節によると、聖霊が「あなたがたとともにおられ」るという経験と、聖霊が「あなたがたのうちにおられる」という経験がある。最初の経験は「聖霊の感化」と呼び、次の経験は「聖霊を受けた」といい、「聖霊があなたがたの上に臨むとき」という経験は、「聖霊が私たちを占領なさった」ということある。

神様が聖霊を与えると約束なさっても、その恵みを得るためには祈らなければならない、とバックストン師は言う。また、ジョージ・ミュラーは、聖書を読みながら、約束を信じながら祈ったという。また、ペンテコステの前も讃美を、詩篇を歌いながら祈った、とバックストン師は考え、歌った詩篇を推測している。

また、聖霊のバプテスマを受ける時期について、バックストン師は、「コルネリウスは、生まれ変わって救いを得たその時に聖霊のバプテスマも受けました。神様は罪人が救いを得たその時に聖霊を与えることがおできになります。けれども普段はあまりそうしたことを見ることはありません。働き人の不信仰のゆえに、あるいはその救われた人の信仰が足りないがために、普通は第一に救いを得、その後に聖霊のバプテスマを経験します」（本書、四二〜四三頁）と述べ、二章三八節のところで、「第一に罪の赦しを得、その後、聖霊ご自身を得ます。ジョン・ウェスレーは……一度にこの二つの恵みを得た人に会ったことがないと言いました。ほとんどの場合、……別々に……」と書いている。

また、用語について、一〇章四四〜四七節で、「聖霊が下った」「聖霊の賜物が注がれた」「聖霊を受けた」と「三つの言葉を使って言い表してありますが、その経験は同じです。用語はさほど大切ではありません。これは一つの語でこの満ち足りた恵みを十分に言い表すことができないことをも示します。用語は異なっても、恵みは一つのものです。今、熱心な信者が用語についてよく論じます。もちろん用語も大切ですが、最も大切なのはその恵みを正しく受けることです。どんな名をつけても百合の花は綺麗で、良い香りを放ちます。どんな名をつけても聖霊のバプテスマは幸いな経験です。名前について論じることは無益です」（四三頁）と語る。

バックストン師は、〝使徒の働き〟（使徒行伝）を伝道のハンドブックと言ったが、むしろ伝道者のハンドブックである。まず、説教についてもこの書の説教を学んでいる。通常、〝使徒の働き〟一七章のパウロの説教は、救われる人が少なかったので失敗した説教だと言われるが、「これは私たちの手本となる説教です。私たちもそうした人々と会って神様のみことばを宣べ伝えることがありますから、この説教をよく調べたいものです。パウロはきっとこの人々のために心を傷め、重荷を負って、その人たちの心を刺し、光を与えたいと願ったでしょう。そのために聖霊に導かれて、その人々を救いに導くために、このような説教をしました。私は以前に日本にいたとき、たびたび出雲の村々を巡回して、この説教を繰り返しました」（一九九頁）と述べ、さらにこう語る。「アテネの人々はどういう心をもってこの厳粛な言葉に接したでしょうか。『ある人たちはあざ笑』いました。今でもある人は嘲ります。また『ほかの人たちは「そのことについては、もう一度聞くことにしよう」と言った。』第二の人は、いま悔い改めて救いを求めようとはせず、またいつか聞いてみようと時を延ばします。今日もこうした人がたくさんいます。第三に、ある人は信じて救われます」（二〇五頁）。バックストン師の言う「今日」の人は、まさに、百年後の現代の文明人の姿である。

伝道者のためには、各所にバックストン師らしい忠告がある。特に一一一頁、一一九頁。また、上巻、一九四、一九五頁、二三五頁。この『使徒行伝講義』上下を味わいつつ、祈って、バックストン師が望んでいるような伝道者になりたいと願っている。

日本キリスト教団渋谷教会牧師　　藤村和義

バックストン著作集 10
聖書講解Ⅵ　使徒行伝講義 下

2018年4月15日発行

著 者　B・F・バックストン
印 刷　シナノ印刷株式会社
発 行　いのちのことば社
〒164-0001 東京都中野区中野2-1-5
TEL03-5341-6920／FAX03-5341-6921
e-mail:support@wlpm.or.jp
http://www.wlpm.or.jp

ISBN978-4-264-03887-0

「バックストン著作集」全10巻の内容

1　説教Ⅰ　赤山講話
2　説教Ⅱ　雪のように白く／砂漠の大河／キリストの形なるまで／神の川ほか
3　説教Ⅲ　神と偕なる行歩／聖潔られたる者の行歩／約束の地／基督者の家庭(クリスチャン・ホーム)／リバイバルの要件／富める所／能力の秘訣ほか
4　説教Ⅳ　ケズィック説教ほか
5　聖書講解Ⅰ　創造と堕落――創世記霊解／ルツ記霊解／雅歌霊解／ヨナ書霊解／神の奥義なる基督～ピリピ書・コロサイ書霊解
6　聖書講解Ⅱ　詩篇の霊的思想／エペソ書研究ノートほか
7　聖書講解Ⅲ　ヨハネ福音書講義 上
8　聖書講解Ⅳ　ヨハネ福音書講義 下
9　聖書講解Ⅴ　使徒行伝講義 上
10　聖書講解Ⅵ　使徒行伝講義 下

＊内容の一部が変更となる場合がございます。
また、内容のタイトルも変わることがございます。